強い地元企業をつくる

事業承継で生まれ変わった10の実践

近藤 清人

学芸出版社

不動産 / 3代目
DAMAYA COMPANY（株）

p75~

住みたいまちを自分で作る大家

空き家問題も
解決する塗装店

塗装業 / 2代目
松岡塗装店

p90~

家族も森林も
守る地元工務店

製材所 - 工務店 / 2代目
(株) 栄建

p101~

加工食品／4代目
(有)井上商店

p112~

「御食国《みけつくに》」淡路島を全国に伝える食品メーカー

醤油蔵／4代目
大徳醤油（株）

p125~

伝統の「価値」を新たに伝える醤油蔵

地域と「うまい食卓」をつくる酒蔵

酒　蔵 ／ 19代目
田治米合名会社

p138～

ライフスタイルを
提案する酒蔵

酒蔵／5代目
銀海酒造（有）

p150~

靴下製造／3代目
昌和莫大小（株）

p162～

下請け脱却の挑戦
ヒットを産む靴下工場

編針製造 / 3代目
近畿編針（株）

p176~

竹編針で世界に挑戦する編針メーカー

若手が市場開拓を
牽引する地場産業

織物製造 / 後継者グループ

多可播州織ブランドプロジェクト

p187~

柏原加工紙（株）

唯一無二の素材をつくる紙メーカー

上）味わいのある紙 teshio paper を花のラッピングに提案。

下）日本に数台しか現存しない貴重な設備を活用する。

製造業

2代目　矢本雅則

加工下請けから脱却を目指し、引き継いだ設備を活かした紙素材ブランド teshio paper(テシオペーパー）を展開する。

谷水加工板工業（株）

断熱と防音で住環境を創る工場

製造業

2代目　谷水ゆかり

重厚長大の造船や建設の現場において、女性らしい繊細な感性で、「あなたらしい住環境」を提案し続ける資材メーカー。

上）家庭や仕事場に設置できるセミオーダー防音室を製造販売。

下）余分な音を吸音し、音が綺麗に聞こえるソファーを開発。

（株）栗山米穀

SNSで手軽に米を届けてくれる老舗米屋

米問屋

4代目　栗山泰典

丹波篠山のお米を、ネットやLINEなどSNSで注文を受け、忙しい都市部の主婦に宅配する100年続く老舗米屋。

上）丹波篠山で育ったおいしいお米を消費者に配達している。

下）LINE で気軽に注文できるように作ったオリジナルスタンプ。

（株）東兵庫魚菜

地元野菜の価値を都市に伝える市場

青果市場

2代目　久下聖太

地元に地域外商品を卸す市場から逆流をさせ、地元野菜を都市部に卸す。いちご園など観光農園で交流人口増進を促す。

上）丹波黒豆「一番黒」など、丹波美味しい野菜を都市部に卸す。

下）黒枝豆の生産者たち。情報交換し切磋琢磨して美味しい黒豆を作る。

正織興業（株）

出荷規格外の布から新素材をつくる工場

上）布を特殊に重ね合わせた板から削りだされた独特の表情の製品。

下）出荷規格外の布を製品にするためにプロジェクトが立ち上がった。

製 造 業

11代目　姫井明

織物製造業からスタートし、140 年ほど続く生地染色メーカー。新たに布を重ね合わせた新素材で、国内外に販売予定。

山本造園

人とまちが交わる場所を創る庭師

造 園 業

3代目　山本裕介

「鑑賞するだけの庭」ではなく、地域の特性を生かし、「人とまちがコミュニケーションできる庭」を創る庭師。

上）建物とまちを繋ぐ hitoniwa(ヒトニワ)というブランドを展開。

下）四季の移り変わりを感じながら、コミュニケーションが生まれる。

地元企業が変わると
地域は必ず変わる

SASI
DESIGN

はじめに

昨今、「地方のデザイン」や「ソーシャルビジネス」、「まちづくり」など地域に山積する課題を解決するためのキーワードを耳にすることが多い。

本書は「なんとか地元を活性化したい」「他の地方では成功例も耳にするようになったが、うちの地元はどうにかならないのか」「デザインの力を使って地方を盛り上げたい」と考えている人に読んでもらいたい。

私もその1人であったが、単に「デザイン」や「まちづくり」など魔法のような言葉だけで地方は本当に良くならないことがわかってきた。

ではどうすればよいかと聞かれると、地元企業が「自分の中や地域に存在する資源」を徹底的に考え抜き、事業者が楽しみながら仕事をして潤っていくことだと考えている。それこそが、スピードは遅くとも確実に地域が活性化していくための答えである。


私は大嫌いであった田舎を出て進学、デザイン事務所に就職し、10年ほどインテリアを中心としたデザイン業務に従事してきた。

しかし、その時「地方とデザイン」に対して、このままではいけないと考えさせられる出来事があった。

それは国内需要の減少から元気のなくなりつつあった全国の伝統工芸地に、補助金を使い有名デザイナーが入り、新たなデザインを施すことで世界に販売していくプロジェクトに営業企画として参加したことだった。

私が関わっていた産地は、デザイナーの才能により当初はヒットしたものの、その後すぐに売れなくなった。

ここだけでなくほかの多くの産地でも、デザインされた商品在庫が売れ残り、補助金が切れればデザイナーはそこにはいなくなるという悲惨な状況が起こっていると容易に想像できる。

デザイナーたちが素晴らしいデザインをし、伝統工芸や地方の可能性を示してくれたことに関して、尊敬と感謝の念はあるが、自分の地元がそうであったらと考えると正直嫌であった。

田舎の地元は決して好きではなかったが、自分が生まれ育った場所を誰かにデザインでかき回されてしまうような気がして、やりきれない気持ちになった。

考えれば考えるほど、「自分の地元を自分でデザインしたい」という気持ちが強くなっていった。

そこで都市部と地元をつなぐ交流人口を増やすことが重要だと考え、イベントを行おうと決意した。

しかし、我が地元には都市部から人を呼んでくる強力な観光資源がそれほどなかった。あったとしても、一つ一つが車での移動が不可欠なほど離れており、目の前には田園風景がひたすら広がるという状況。地元の人も「何もない」と言う中で、神社仏閣、景勝地だけに頼らず、山や川、田園やそこに注がれる日光やそよぐ風など、「何もない」と言われている目の前に広がる景色こそが資源」と捉えた。そこで、田園風景に音楽やアートやマルシェなど、今楽しみたい文化のエッセンスを付け加えた「歌とピクニック」というイベントを２０１０年から計画し、地元新聞社や市役所などを駆けずり回ってプレゼンテーションした。

大変苦労したが、想いを共にした実行委員の助けもあり、「何もない」と言われていた地元の山の中の会場に、都市部からの来場者を含め予想をはるかに超える２０００人もの方々が来場し、自分の想いが通じたと感涙した。

狙い通り都市部と地元との交流が促され、社会課題を解決するソーシャルデザインの注目の事例として、メディアに取り上げられるようになった。

確かに地元を良くする活動として評価をされ、来場者数を含め、想像を超える結果となったことからも一定の成功を収めたと言える。だがそれを続ける気力がなくなってしまった。非常に労力がかかる上に、その労力に対する対価がどうしても捻出できないということが大きな原因である。

イベント自体の収支は黒字だったが、それは私を含む実行委委員、サポートスタッフのすべてがボランティアであったために成り立っていた。人件費を考えると大赤字であった。

具体的に計画を始めた２０１０年から、イベントの調整や準備に予想外の時間がかかった。会社勤めであった私の休日で補えばなんとかなるという甘い考えはもろくも崩れ、退社を余儀なくされた。イベントの準備や設営に毎日奔走し、何ヶ月も無給状態が続いていく現状に限界が見え、これをずっとやり続けることは不可能だと感じた。自分がまちをデザインすると宣言して始めたイベントではあったが、恥ずかしながら続けることができなかった。

自らの力不足に落ち込みながらも、まだ地元を良くしたいと考える中、地元の商工会から声がかかった。これまで売れていた商品が売れなくなり、売上げの減少に悩む地元企業を支援してほしいという依頼であった。それは地元の特産でもある黒枝豆のパッケージデザインであったが、デザインを支援した商品が運良くヒットした。

そのやり取りで事業者と様々な話をしていく中で、あることに気づいた。それは、地元の事業者の武器は地域に存在する資源そのものであるということだ。その武器を使い、売上げを伸ばすことで雇用を増やし、さらに設備投資を行い、さらなる地域資源を作っていた。自分のまちの資源を最大限に活用し、時流に見合う商売として売上げを伸ばし、新たな雇用だけでなく、地域の誇りを生んでいる。この事業者は、農業を通じて交流人口を増やしたいと言っていたが、実際に観光いちご園などで都市部との交流人口も増やしている。

事業者としては売上げ向上のために当たり前のことかもしれないが、自ら地元をデザインしようと躍起になっていた私から見ると、当然のように経済活動として地元を良くするその姿に学ぶところがあった。

地元を良くする活動にボランティアで取り組んでいた私からすると、地域の資源を活かし、経済活動を通して持続的に地元に還元するその姿はまさに、「自分のまちは自分でデザインする」ことにつながると感じた。これがきっかけとなり、地域の資源を活かし、これからの地元企業を作っていくことが、継続的に地域を良くすることになると信じるようになり、それを支援するデザイン会社を立ち上げ、活動を続けている。

そこでは「事業者が自分らしくある」ことがポイントになる。

地域の人や、特有の地形や、そこから生まれてくる特産などの地域資源を、後を引き継いだ事業者が自らのパーソナリティを活かして、楽しく事業を展開する。どこにも真似のできないアイデンティティを明確化し、伝わりやすくデザインしていくことが、地元を継続的に良くしていくプレイヤーを作ることにつながると確信した。

地方創生は、役所や支援機関だけの仕事ではない。

「自分のまちは自分でデザインする」。それは、誰かが良くしてくれるのを待つのではなく、目の前に広がる変えがたい資源を、自分の夢の達成に活用することだ。

それが地元の活性化につながり、日本全体に血流を促す第一歩であることは間違いない。

㈱SASI DESIGN　近藤清人

目次

2 後継者が地元企業を生まれ変わらせる 47

3 強みを活かして結果を出す10のケーススタディ 73

4 地元プレイヤーたちの連携　199

1

地元企業が元気になれば
地域も元気になる

良いものを作っていれば売れる時代は終わった

今、地方の中小企業における事業承継が、重要な課題として関心を集めている。

まちづくりや地方創生が叫ばれるなか、中小企業庁や県、それに準ずる支援機関、地域の銀行や信用金庫、商工会議所や商工会連合会などが地方の中小企業を手厚く支援している。例えば販路開拓やウェブサイトの作り方のセミナー、設備投資や販売促進のための補助金、各事業の専門家を無料で派遣する制度など、事業者にとってメリットのあるメニューがたくさん存在する。政府の施策として、地方の中小企業に活力を与えるための支援策が次々と出されている状況を見るだけでも、その本気度は明白だ。

創業支援においても、地域と連携したコミュニティビジネス支援や起業家を育てるための支援、企業がこれまでの事業とは別の切り口で行う第二創業支援など、様々な角度から新たな価値を創出する起業のサポートが存在する。

しかし、支援策があるからといって、それだけに頼って「自社

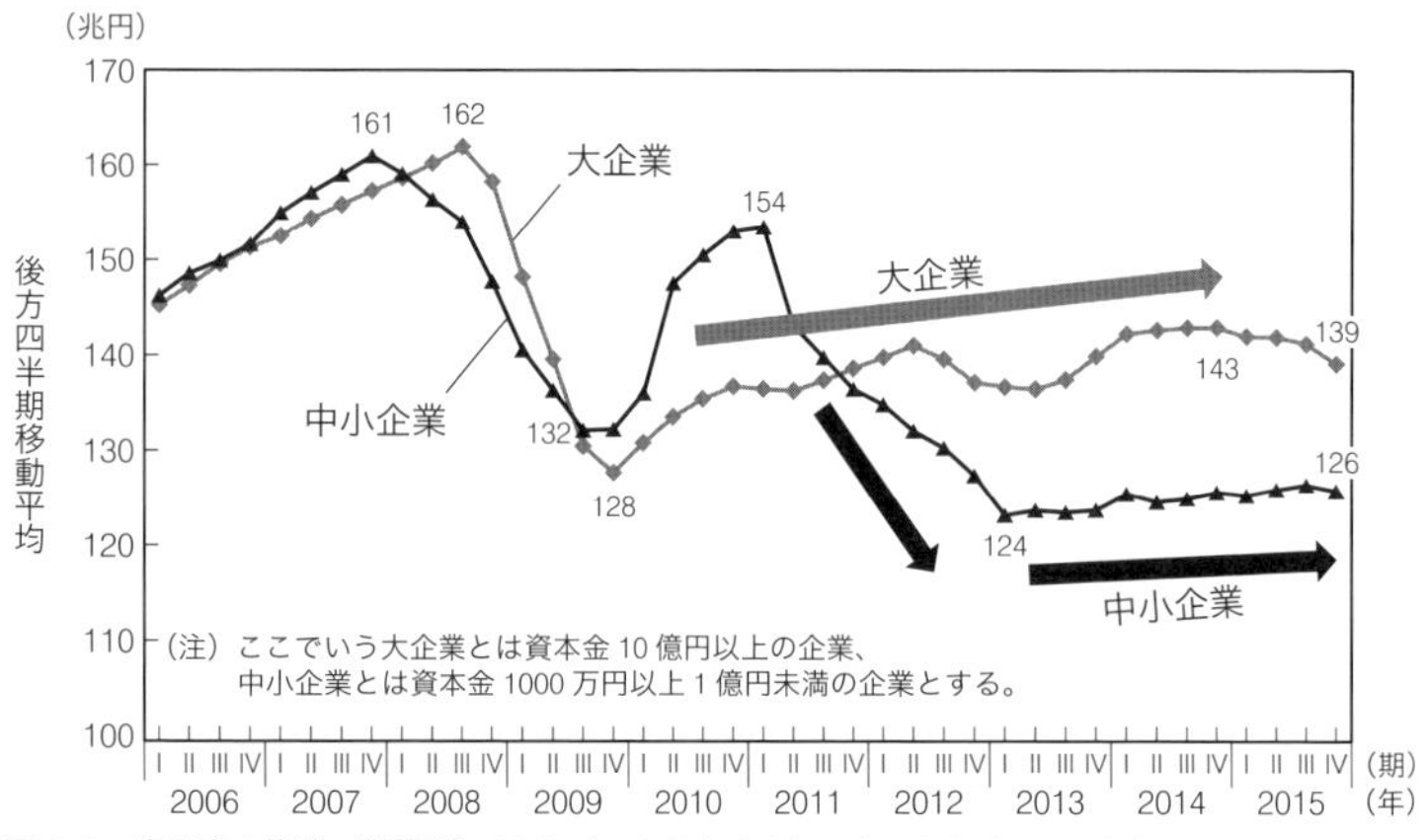

図1･1　売上高の推移（規模別）（出典：中小企業庁「平成27（2015）年度の中小企業の動向」）

の『本当』の価値を追求せずこれまで通りの事業をしていく」「単にこれまでやったことのない新しいことをする」というだけで事態は良くなるだろうか？

ここ10年の中小企業の売上げの推移を見ていくと、中小企業の総売上高は、２００７年第Ⅳ期に１６１兆円を超えた後に２００８年のリーマンショックで約１３０兆円まで大きく落ち込でいる（図１・１）。その後、大企業の総売上げを上回る勢いで２０１１年第Ⅰ期では一時約１５５兆円規模まで回復する。しかし大企業は緩やかながらも回復し続けているのに対して、中小企業は再び２０１１年の東日本大震災の影響を受け１２４兆円に落ち込み、そのまま横ばいに。リーマンショック以前の売上げにも到達できていない現状である。

業種別に詳しく見ると、２００９〜２０１５年までの期間で大企業はすべての業種が回復しているのに対して、中小企業は震災復興関連で業績が伸びた建設業界以外はすべてマイナスになっている（図１・２）。

どの業種においても「需要の停滞」が上位に位置し、落ち込みの大きい卸売業、小売業、サービス業では「販売単価の低下、上

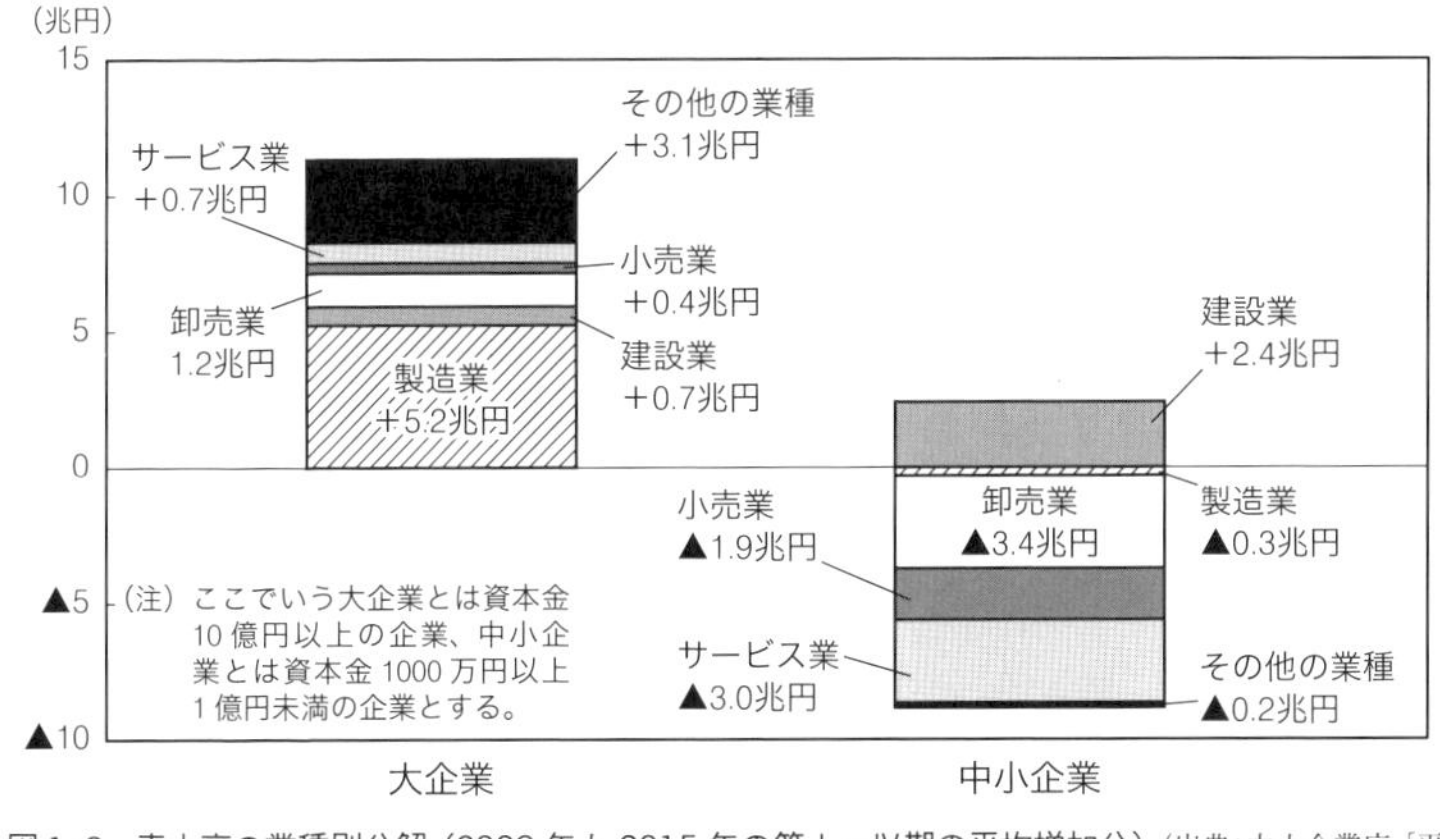

図1·2　売上高の業種別分解（2009年と2015年の第Ⅰ～Ⅳ期の平均増加分）（出典：中小企業庁「平成27（2015）年度の中小企業の動向」）

昇難」「大・中型店の進出による競争の激化」「利用者ニーズの変化への対応」など売上高と直結する経営上の悩みが多い。

地方の中小企業は大きく分けると、大企業などを相手に下請けとしてＯＥＭ（Original Equipment Manufacturer：他社ブランドの製品を受託製造すること）や自社商品の販売を行うことで業績を伸ばしてきた製造業を代表とする業種と、地域の住民の需要に応える商品を提供してきた地域密着型の多様な業種に分けられる。

前者は厳しい品質基準や要求に答え続けることによって顧客である大手メーカーなどの信頼を得てきたが、市場や消費者の好みとは関係なく、ひたすらものづくりをすることによって、消費者が何を望んでいるかを把握できていない場合がしばしばある。このような企業では、納品先の大手メーカーが他地域や賃金の安い海外に仕入れ先を移した途端に売上げが落ちてしまう。

一方の後者はその地域の経済を支えている場合が多い。例えば地元の酒蔵や食品メーカー、地域の小売店や卸売市場、工務店など、地元の消費者が主な販売先であったが、大手ショッピングセンターの進出や、インターネット通販によって場所を問わず商品が購入できるようになり、全国の商品と戦わざるをえなくなった。

価格競争激化や海外の技術向上による仕入れ先の変更、物流などモータリゼーションの進化による利便性向上、ＩＴ革命による消費行動の多様化が進んだにもかかわらず、これまでと同じやり方では、消費者が求めている価値が伝わりづらくなる一方だ。

一番危険なのは「良いものを作ればわかってくれる」という独りよがりな妄想だ。それは誰にとって「良いもの」なのかが見えづらくなっているからである。

事業者も普段は消費者であり、こだわりの品質だけで消費行動を行っておらず、価格や調達方法、タイミングなど様々なことを秤《はかり》にかけてベストのバランスで選択しているはずなのに、売り手になった途端に品質として「良いもの」が売れるというこれまでの神話を信じて、自社の戦い方を改めようとしないことが多い。

環境の変化に対応できることが生物の常ではあるが、中小企業もこれだけの環境の変化に順応し、進化していかないといけない。それは簡単ではないが、答えは必ず「事業者自身」の中にある。

地元企業が元気になれば、地域経済は良くなる

環境変化による地方の中小企業の売上高減少は、単にその企業だけの問題だろうか。

２０１６年版「中小企業白書」によると、日本全国には大企業が１・１万社弱。中小企業が３８８・９万社（うち、小規模事業者は３２５・２万社）存在する（図１・３）。これを比率で見ると、日本の全企業のうち、大企業が占めるのは０・３％で、実に99・７％が中小企業という内訳になる。

さらに大企業は、約１・１万社のうち、約82％にあたる約９０００

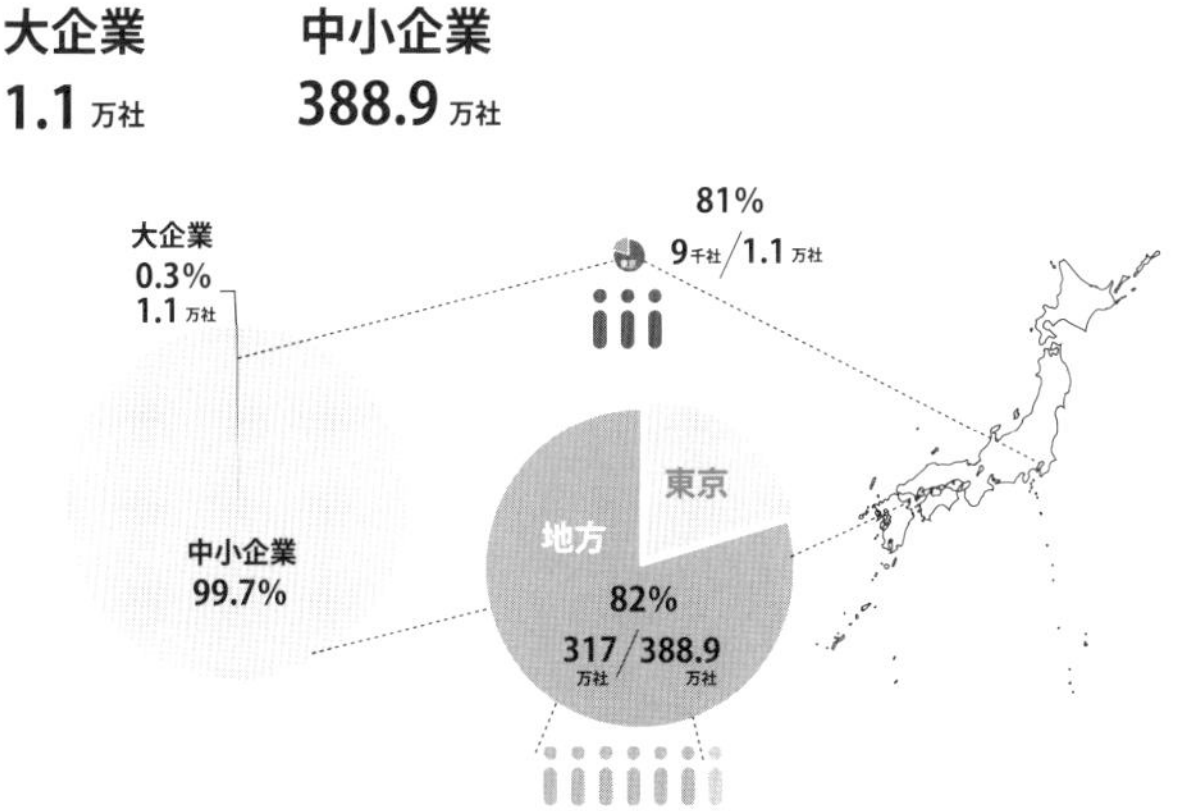

図1·3　中小企業に労働人口の 70%、地方にその 80%が属している

社が東京都に本社を構えており、対して中小企業は全体の約81%の3１７万社が東京以外の地方に存在する。大企業の牽引による経済活性化は必須ではあるが、こうやって見ると「地方」と「中小企業」が、日本の経済全体にとっていかに大切なキーワードかがわかる。

地方の中小企業は、我々の生活にも直結している。労働人口約４０００万人に対して、約２７５０万人と70%近い人が中小企業に従事していることになる。そして市区町村の人口規模が小さいほど、企業数、従業者数に占める中小企業の割合が高くなる傾向があることも知られている。

そんな地方の中小企業が環境の変化に対応できず倒産に追い込まれるとどうなるのか。

筆者である私も地方の出身である。兵庫県丹波市という、人口６・5万人、大阪市から車で1時間半ほど離れたところに位置する、いわゆる田舎である。田舎には大学がないから、高校卒業とともに多くの若者が都市部に進学する。そしてそのまま都市部に就職するケースも少なくない。

実家のある田舎に戻りたいと思っていても、一番の足かせになるのは「就きたい働き口が少ない」ということである。それは給与のことだけでなく、大学で学んだ知識を活かせる地元企業が多くないことから、帰りたくても帰れないという現実もある。

企業の経営面、労働者の生活面の両面から見ても、地方の中小企業の売上げを伸ばすことが重要な課題である。これまでの商環境だけでなく、移りゆく時代に即しながらも、自社の価値を伝えて売上げを伸ばし、雇用を創出していく企業の存在が、地域経済、さらには地域住民の誇りにも大きな影響を与えるだろう。

変わってきた地元企業の役割

中小企業を取り巻く環境は前述の通りだが、実例をもとにもう少し考えたいと思う。

私の会社は中小企業の経営やブランディングに特化したデザインコンサルティングを業務としている。地方の様々な経営者の相談を受けていると、ブランドづくりやデザインに関することよりも、「なぜものが売れないのか」「なぜ就職先に自社を選んでくれないのか」という経営的な悩みがほとんどである。

コンサルティングを進めていく中で必ず聞く質問がある。一つは「これまでどこから仕事の依頼があり、どこに納品していたのか」。もう一つは「当時の自社の社会的価値はどこにあったのか」である。

答えは大きく2つに分かれる。

一つは大手メーカーなどの中間製品やＯＥＭとして製造しているという場合。その多くは、大手メーカーの厳しい要望に応えてきただけあり、技術力や対応能力に長けている。優れた技術力を誇り、精緻で狂いのない製品を供給することで大手メーカーの商品の品質を担保することが、その企業の役割の大きな部分を占めていた。地場産業などもこのパターンに入ることが少なくない。

地域の特性や地形などを活かし、かつて繁栄を誇った地場産業も、製品企画に力を入れられずに問屋やメーカーに頼り、手間受けなど、その技術のみを提供することがある。そのうち製造機器の発達や海外の技術進歩によって品質に遜色ない製品が台頭してくると、価格面で太刀打ちできずに売上げを落としてしまうケースが多い。

このようなパターンでは、外部コンサルタントや有名デザイナーとタッグを組んで、新たな商品を作り、再興しようとすることが多い。

私も仕事柄このような取組みを何度となく見てきたが、どちらかと言うと成功する可能性の方が少ない。方法は変わっても、単なる技術提供であることに変わりはないからである。これまで自社にはなかった華やかな製品ができたとしても、消費動向の把握や商品企画をしてくれる相手がコンサルタントやデザイナーに変わっただけで、「ネタ」は外部が持っていることに変わりない。

さらに、これまではヒットしようとしまいと、コンサルタントやデザイナーが買い取ってくれていたものが、売れなければ自社の在庫として直接リスクを抱えることになる。商品が出ないと言われている厳しい環境下で、生き抜いていくことは容易ではないが、地域とともに培ってきた技術を存分に活かし、地域の誇りとともにその製品を販売し、荒波を生き抜かないといけない。

もう一つのパターンとしては、地元住民の需要に応えて地元経済を支えてきた企業がある。このパターンは酒蔵にしても、豆腐屋にしても、工務店にしても、大きな構造は同じだと考えている。かつてはその町にはその町の、隣町には隣町の豆腐屋があり、地域の住民が買いに来ていた。そういった小さい経済で回っていたものが、食品加工技術や物流の進化、大型ショッピングセンターの進出も後押しして、車を少し走らせれば全国の豆腐が購入できる状況になってしまった。「地元産にこだわり、昔ながらの製法で」と謳った商品があっても「京都の老舗の作った豆腐」がそれよりも安く売られていたら、地元消費者はどちらを選ぶだろうか。このようなことが豆腐屋だけでなく、あらゆるケースで進行している。地元工務店のライバルには、他の地元工務店だけではなく大手住宅メーカーもなりえるし、酒蔵のライバルには他の酒蔵だけではなく、ワインやビールの製造業者もなりえるのである。

このパターンの企業もコンサルタントやデザイナーと組んで新たな商品を出すことが多いが、果たして商品のデザインや形を変え、まだ知らない人に販路を拡大していくことだけが正解なのかと疑問に思うことがある。

事業者の考え方や業種業態にもよるが、価値を創出するには、まだ知らない人に伝える以外に、地域を支えていくサービスに取り組むことも大事だと私は考えている。例えば、その地域で採れた木材で住宅を建てることによって、気候風土の違う地域で育った木材よりも耐久性に優れた住宅を提供でき、さらには森林が整備されることで土砂崩れなどの災害に強い地域になることもある。地域の栄養価と食生活を守り、そこで育った味を絶やさないために尽力する本物志向の食品メーカーもある。

事業自体に正解はない。その事業者がどのような想いを持って、何のために働いているのかが伝わることが重要である。そしてその価値を最大化して売上げを伸ばしたその先に、経営者の最大の社会貢献である「雇用創出」が可能になるのである。

地域の価値ある働き口を増やすことになり、お金だけでなく人もコトも地方に流れ、血液の通う状態となり、本当の意味での地域活性、地方創生につながるのではないだろうか。そのためには地方の中小企業が「誇り」を持って売上げを上げるしくみが必要である。

変えてはいけないアイデンティティ

それでは、どうやって中小企業の価値を高めていくのか？

近年のキーワードとして、ブランドづくりやブランディングという言葉がある。消費者の消費行動に影響するのは価格や性能だけではなく、より情緒的な部分として、そのブランドを通して得る「体験」が重要であるということはよく知られている。ブランド価値によって、類似商品との過当競争を引き起こすコモディティ（一般化したため差別化が困難となった製品やサービス）から抜け出すことができ、付加価値を評価され、これまでよりも高い価格で販売することもできる。さらには情緒的な価値が消費者のブランドへのロイヤルティ（忠誠心）を高め、リピート購入にもつなげることができる。ブランドは、経営戦略の要と言ってもよい重要項目である。

しかし、ここにも落とし穴が存在する。焼印のことをBrandingとも言うように、ブランドとはそもそも、牛や酒樽に焼印をつけることから派生したと言われている。「あそこの牛だから間違いないだろう」という、購入者の事業者への信頼感がもとになっており、どれほど良いブランドであっても、一度の不誠実や消費者の期待を裏切ることによってすぐにその価値は下がってしまう。

「ブランドは、記憶の中にある」と言われるように、消費者の意思や思想、過去の経験なども加味されて出来上がるものであるから、単に製品を整えるだけではブランドにはなりえない。そして、付け焼き刃のような「誰か」にもらったコンセプトでは、長続きしないどころか消費者にすぐに見透かされしまう。

やはりここでも「どんな社会的価値を創出したいのか」「社会的課題を解決したいのか」が問われる。突き詰めて言うと「何のために存在しているのか」ということを鑑みて、消費者に訴えかける必要が出てくる。

容易なことではないが、自社のこれまでの歩みの中で、こんな仕事がしたいというだけでなく、こんなことはしたくない、世の中のこんなことが気に食わないという「栄光ある不満」から、自社のこれまで大切にしてきた理念、アイデンティティを絞り出すことから始めるほかない。

元気な企業の3つの条件

私が関わりを持った企業は１００社以上あるが、自社の価値を見つめて雇用を創出し、地域の主役になるような企業もたくさん存在する。

それらの共通点はどこにあるのかを考えてみると、前述したように「何のために仕事をしているのか」という企業のアイデンティティをしっかりと持っていることである。ではなぜこのアイデンティティが重要であるかを、先ほど述べたブランド的観点から説明したい。

まず前提になるのは「ブランドは記憶」であること。この消費者のロイヤルティを高める方法はただ一つ、「消費者が共感する情報を統一して出し続ける」ということである。これは簡単なようで非常に難しい。製品だけでなく、店舗やウェブサイト、チラシや電話対応、仕入先から販売先までも様々な情報発信点から同じ情報を出し、かつ変わりゆく環境下でも同じメッセージを送り続けないといけないからである。

大企業ほど販売促進に経費をかけられ、マーケティング部を持っているのであれば別であるが、ブランドマネージャーのいない多くの中小企業は、その都度役員会議で決まった方向を、自社の事務員か外部のデザイナー、もしくはチラシ業者に丸投げして情報発信を依頼することが多い。それでは経営者の意図が正確に伝わりづらく、何を伝えたいのかという情報がまちまちになってしまう。すると「どんな社会を実現したい」という想いではなく、商品の新規性や他社との違いを強調するだけになり、いずれはコモディティ化し、過当競争に巻き込まれてしまうのである。

では、大企業のようなブランド戦略が取れないのかと言われるとそうでもない。地域の主役になるような企業には3つの共通点があるように思う。

それは「使命感」「らしさ」「発信力」である。この3つの条件を満たしている企業は、経営的にも筋の通った地域で活躍している企業が多い。それでは一つ一つ詳しく見ていこう。

ー 使命感：「どうしても成し遂げたいことがある企業は強い」

多くの企業からヒアリングする時に感じることではあるが、「何のために商品を出したいのか？　自社ブランドを立ち上げたいのか？」という質問を投げかけた時に返ってくる答えの中で最も多いのは、「付加価値をつけてこれまでよりも高値で取引したいから」というものだ。その次には「従業員を養うため」という答えもある。

私も経営者の一人として、至極真っ当な返答であるし、これが正解であると思う。しかし、「消費者が共感する」という部分に当てはまるだろうか？

これは、広報の観点から考えてみるとわかりやすい。

「自社の技術を集結した商品が出ました」と言うと、その商品に興味のある人には共感を得るかもしれないが、そうでない人にとってはどうでもよい情報である。それよりも「荒廃した森林を再生するために……」とか「敏感肌に一番優しい洗い心地を……」という社会的課題や生活の困りごとの解決のために生まれた商品の方が、多くの消費者が共感してくれるはずである。受け売りのような「○○を解決する」などという、その場しのぎのコンセプトでは響かないが、経営者として「どうしても成し遂げたいこと」を見つけ、それを地域資源や経営資源を活かして成し遂げていくと覚悟している経営者は強い。

そういう企業はぶれることが少なく、どのような環境下でも成し遂げたいことにつながる施策を打ち出し、情報を発信していくことができる。その想いは、ブランドとして商品や情報を通じて消費者の共感を呼ぶだけでなく、従業員一人一人のモチベーションにもつながる。それは従業員の働きがいにもつながり、会社全体としての価値を高めることに直結する。

2 らしさ：「らしくあることは大切、楽しいから続けられる」

「らしさ」は中小企業のブランド戦略を考える上で非常に重要なポイントだ。大量生産・大量消費の時代を経て、市場に商品が飽和し始めた１９９０〜２０００年代初頭に、消費者が求めているものを提供するというマーケットインという考え方が登場し、その反対に事業者が世の中に送り出したいものを提供するプロダクトアウトという言葉も生まれた。

２０００年代後半にはアメリカのアップル、グーグル、アマゾンなどの登場により、革新的な製品があって初めて消費者のニーズが生まれるという反マーケットイン的思想が台頭してはいるものの、特に日本の中小企業は、まだ「売れるものは何か」という発想から抜け出せないでいる。

それでも、しっかり市場動向をつかむ術と経費があればよいが、特に地方の事業者はコンサルタントなどに頼りながら、消費者に迎合するような商品、都市部で売れるものを模索し続ける。

それ自体は悪いことではないが、自分の中にないものを背伸びして消費者に合わせていくことは危険である。人間関係で考えるとわかりやすい。他人に合わせて背伸びした自分を作ろうとしても、背伸びは長続きしないし、自分自身の良さも出しづらいのとよく似ている。

経営者は24時間事業のことを考えないといけない状況にある。消費者の顔色を窺うだけの思考よりも、自分はこれをしていることが楽しいと言えることの方が、消費者にその事業の良さが伝わりやすいだろう。消費者の中の記憶を作る観点からも、着せられたコンセプトではいつかボロが出てしまう。その経営者自身が燃える気持ちで楽しみながらできるかどうかが、長く続けることができるポイントである。

3 発信力：「発信し続けないと、誰もわかってくれない」

いくら良い事業や商品であっても、発信しないとその存在に気づかれず、消費者にとっては存在しないのと同じである。ウェブサイトやＳＮＳなどを通した情報発信も当然であるが、統一されたイメージの情報を発信し続けないとブランド価値を高めることはできない。テレビや新聞雑誌はもちろん、インターネットやＳＮＳなどこれだけ情報があふれている現代社会において、一度や二度、情報を発信しても消費者は覚えてくれない。

例えば、大手ハンバーガーメーカーや高級バッグメーカーのロゴを見せて、「どのようなブランドですか？」と質問すると、ほとんど「気軽に入れるハンバーガー屋さん」や「パリの高級バッグ」などという単純な答えが返ってくる。当然、答えの中身も大切だが、ここで注意したいのは、ほとんどの人が一言でそのイメージを答えてくれるという点である。私の感覚だと10人中９人からこういう答えが返ってくる。

あれだけの大企業がＣＭや雑誌、インターネットなどで莫大な情報発信しても、消費者の頭の中に残るのはほんの一言だ。考えればたくさん出てくるのであろうが、瞬時に出てくるのはこの程度というのが現実である。

だからこそ、しつこいくらいに同じイメージの情報を出さなくては、誰もその企業のことをわかってくれない。

経営者やその広報担当者が統一した情報をコントロールしながら、日々発信し続けている企業は、何もしていない企業と比べて3～5年後に大きな差がついてくることは間違いない。

陥りやすい外部コンサルティングの落とし穴

自社のブランド価値、企業価値を高めるために、外部のコンサルタントに頼ることもあるだろう。個人であっても、自分のことは一番わかりづらいのと同じで、自社の価値を客観的に見つめるには、第三者の目を介するのは有効である。自分では気づかなかった良さを発見できたり、新たな視点からの発想を得ることができることからも、事業者にとって心強いパートナーとなるだろう。

ここで気をつけたいのは、外部コンサルタントの利用の仕方である。一番やってはならないのは「全部お願いします」という姿勢で依頼することだ。

確かにコンサルティングは、課題解決を専門としている業種なので、専門分野についての知見は最先端であり信頼できるレベルにあり、事業者にアドバイスする局面も多い。しかしそういう専門家に丸投げしてしまうのは、危険を伴うことになる。なぜならコンサルタントは自社の人間ではないからである。

そもそもコンサルタントは「時間」に単価をつけて売る仕事である。一社に深く入り込んで一緒に立て直すコンサルタントもたくさん存在するが、時間単価が高給なコンサルタントを常に雇い続けるのは企業にとって非常に負担である。

コンサルタント側としても、たくさんの企業に出向き、課題を解決していくことになる。一つの案件ごとの時間が短くなることは必至であり、短期間ですぐに効果が出ることを求められるだろう。

現在は前述したように、企業が個別でコンサルタントを雇う以外に、商工会議所などを通じて派遣してもらい、2時間程度無料で経営相談してもらうことができる専門家派遣制度などもある。制度で利用できるコンサルタントの中には、事業者の想いや良さをうまく引き出す優秀な人がたくさん存在する。しかしそれは非常に難しく、短い時間で成果を出すためには、現在ヒットしている同業種の例や他産地での例など、たくさんの成功事例を提示し、その中から事業者にどのような方向なら実現できそうかを考える方法が容易だと言える。

しかし、これが落とし穴であると私は考えている。いかに他の事業者が成功した方法や、現在ヒットしている商品などを学んだところで、他人は他人だからだ。

これまで考えたことのないような斬新な考え方や新たな角度からのアプローチが提案されるかもしれないが、あくまでそれをできるのは、その事業者だからであることを忘れてはならない。画期的な商品や新たな売り方を目の前にして、その路線に近い方法を取ることは悪くはないが、パイオニア企業のフォロワー路線で価格を抑えて売ることになりやすく、自社の価値を高めることにはならない。その方法でヒットすることができるなら、他の同業種も容易に真似することができる。やはり、しっかりと自社でしかできないこと（真似しづらいこと）を追求するほかには、価値を継続的に上げ続けることはできない。

それは就職活動時、有名企業に採用された友人の真似をして受け答えするようなものであり、自分がその真似ごとで採用面接に臨んでいるようなものである。そんなことでは、自分らしさが出せず、良い結果につながらない。企業も地域自治体も「他人の成功事例」を見て、なぜそうなったのかを分析することは非常に重要である。しかし、そのことを鵜呑みにして価値を創出しようと思っても、持てる資源が違うので難しい。

時流は意識しつつ、他人は他人と割り切り、ヒントとして自社の価値を考えるためにコンサルタントと付き合うことが事業者に求められる。

現実にある企業の高齢化、後継者の役割

ここまでは、いかに自社のアイデンティティを大切にし、自社ならではの「らしさ」を考えることが重要であるかについて述べてきた。コンサルタントにも頼りすぎず、自社の価値を考えて表現していくことは容易ではない。しかし、答えは必ず自分の中に存在する。その価値の導き方と詳しい事例に関しては後述するとして、地元企業の実情について考えてみたい。

現在、地方で進んでいる大きな問題として、住民の高齢化率も深刻であるが、地元企業経営者の高齢化も非常に深刻である。バブルが終焉後の１９９５年から20年経った２０１５年では、当然のことながら経営者も歳を重ねることになる。１９９５年当時の経営者年齢の最多は47歳という現役バリバリの世代であったところから、現在では世代交代できずに、そのまま66歳という高齢者になってしまっているのである（図１・４）。経営者の高齢化それ自体が悪いわけではない。これまで通り経営し、前述した時代の流れに適応できな

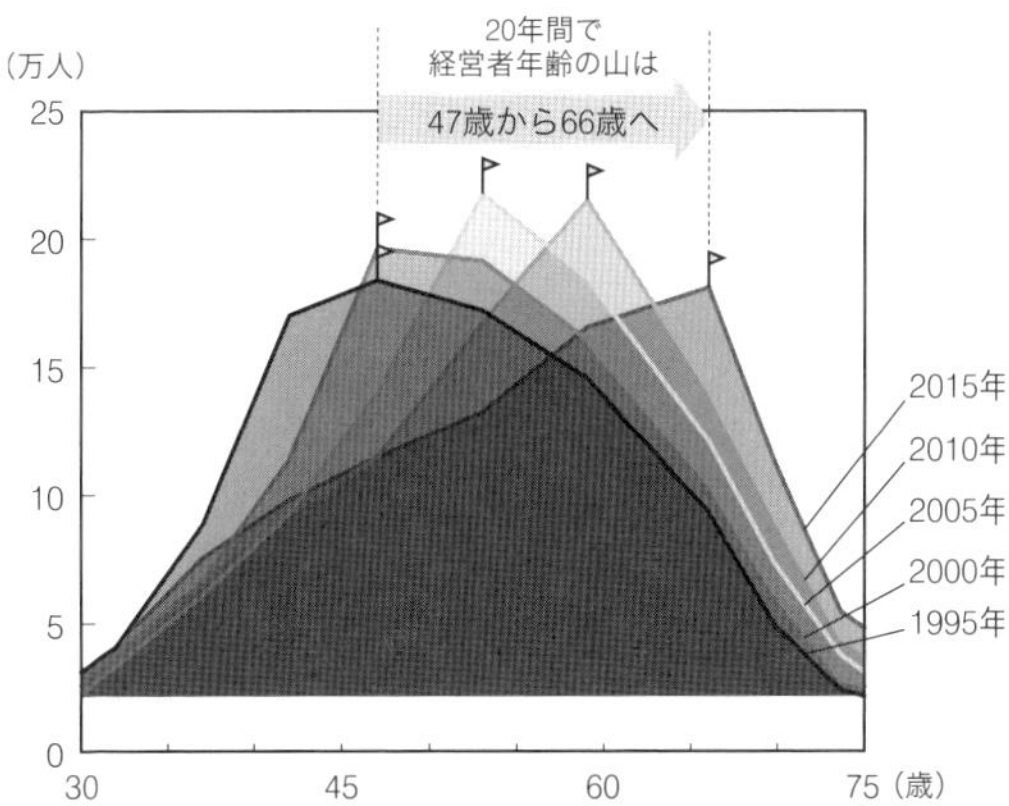

図１·４　中小企業の経営者年齢の分布（年代別）（経済産業省調べ）

いまま事業スキームが古くなってしまっていることが問題なのである。

また、社長交代率（過去1年間の間に社長の交代を行った企業の比率）の推移を見ると、バブル末期まで5％近くあった交代率も、バブルが弾けた1993年に一気に急落し、その後も回復することなく3・5％という低水準のままだ（図1・5）。

経営者年齢分布の最多66歳、平均年齢59歳、そして5人に1人が70歳以上という高齢者であることが現実なのである。これは現在の中小企業を考える上で最も重要な課題の一つと言われる事業承継がうまく進んでいないことを示している。

事業承継とは経営者のバトンタッチのことである。経営資産は「人、もの、金、情報（知的資産）」と言われることが多いことから、承継には大きく分けると3つある。後継者という「人の承継」、設備や不動産、運転資金や株式といった「資産の承継」、そして経営理念や蓄積してきた技術ノウハウや人脈などの「目に見えにくい経営資源の承継」である。

経営者にとっても、日本全体にとっても、事業承継は成し遂げないといけない重要課題であるため、様々なサポートによって承継が進められてはいるが、そのすべてが円滑に進んでいるわけではない。

難航する背景には相続問題など資産をめぐる様々な困難がある。中小企

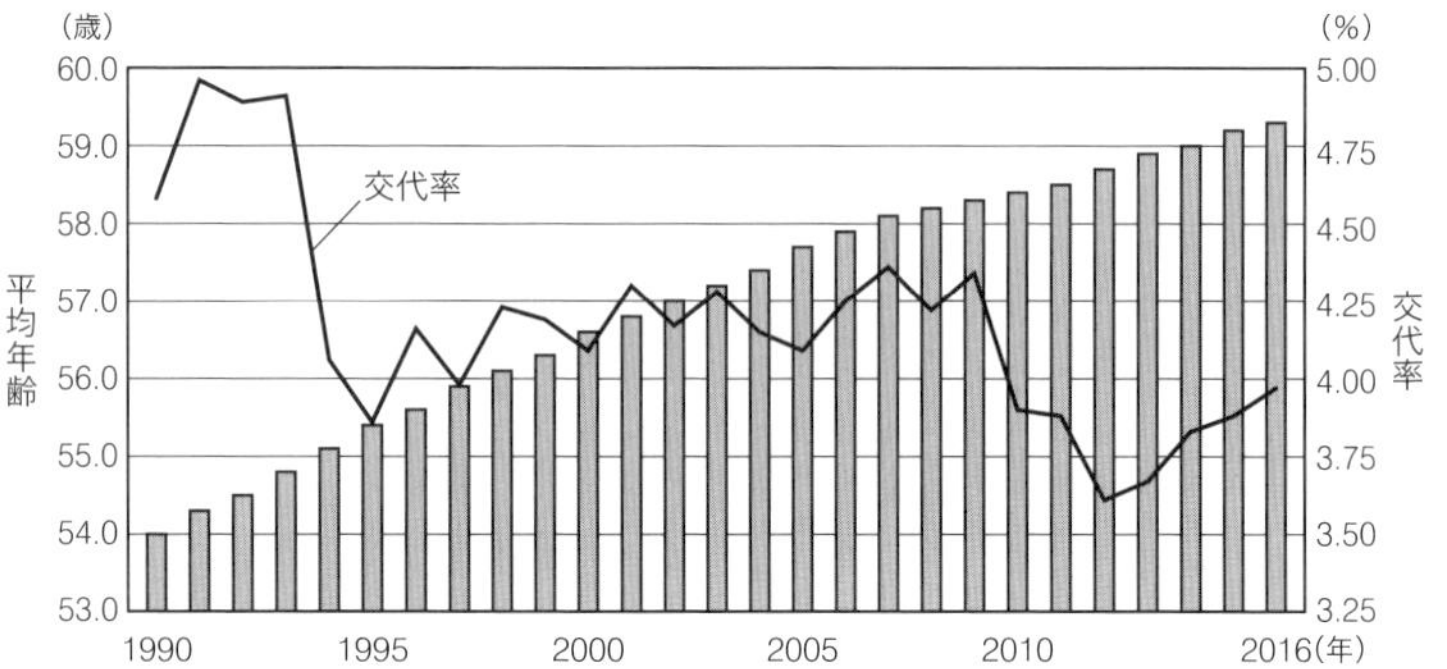

図1·5　社長の平均年齢と交代率の推移（出典：帝国データバンク「全国社長分析」2017年）

業庁の調べによると、事業承継が円滑にいかない代表的な例として「会長が実権を握ったままで、社長への経営移譲が進まないケース」が挙げられている。後継者が一念発起し、事業を受け継いだものの実質的なトップは変わらず、先代が引き続き経営の最終決定を行っているパターンである。

私も様々な地域で事業承継を含む「ブランド力育成セミナー」を行ってその話をすると、若手後継者や後継予定者から、自分のところのようだと共感を得ることが多い。

当然のことながら、財務のことや従業員への配慮、経営への考え方などは、会長の方が経験値も高く、それによってこれまで会社が存続してきた。しかし、会長が最終的な決定権をもつことによって後継者（予定者を含む）が、時代に即した新たなサービスや商品、経営方針を打ち出そうとした時に待ったがかかることは少なくない。

会長側の意見として「引退するにはまだ早い」「不安で任せられない」などが挙がるが、後継者に任せてしまうことが一番大切なポイントなのである。

それは、以下の数字を見ても明らかである。企業の寿命は30年と言われることが多いが、現在の統計では24・1年ほどである（図1・6）。また、倒産した企業の実に30％ほどが、業歴30年以上の会社である（図1・7）。歴

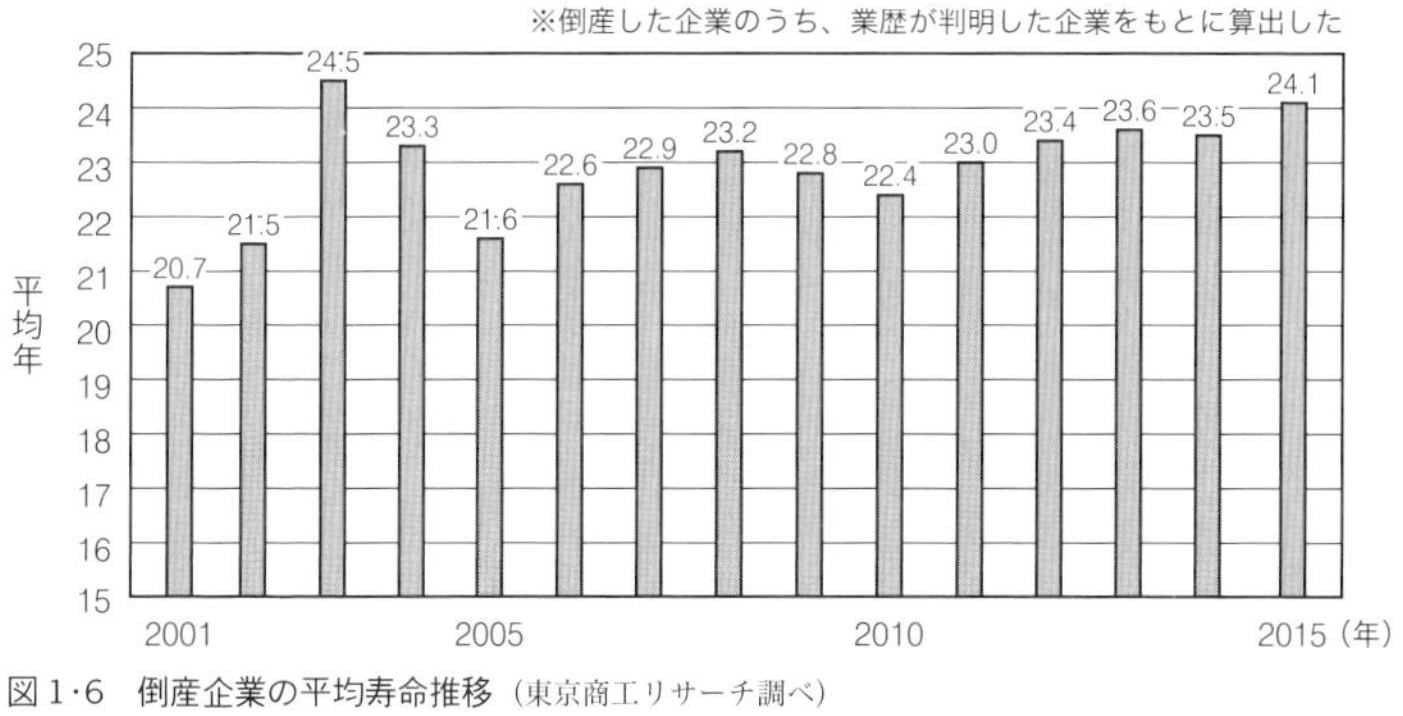

図1·6　倒産企業の平均寿命推移（東京商工リサーチ調べ）

史が長いからといって生き延びられる会社だということではないのである。

　ではなぜそうなってしまうのか？　倒産に向かう理由は様々であるが、大きな理由としては前項で述べた環境の変化に柔軟に対応できなかったことが挙げられる。

　企業寿命の過程を大きく分けると、創業期・成長期・成熟期・衰退期となる。創業期は売上げを上げるのが難しいが、今で言うベンチャーとして時流を読み解き、チャレンジし失敗を重ねながら成長過程に入っていく。その事業の価値が市場に伝わり取引先や顧客に受け入れられ伸びていく成長期、そしてその市場に参入者が増え、差別化が難しくなり低成長になる成熟期、そこから徐々に売上げが減っていってしまう衰退期となる。

　地元企業の事業承継は親から子へ行われることが多い。仮にその親子の年の差が25歳だとすると、企業寿命から考えても衰退期真っ只中であることが多い。大手を含むライバルとの戦いに劣勢な状態である衰退期において、過去の成長期であった頃の事業スキームを持ってきても難しいのは明らかである。後継者はこれまでの歴史や成り立ちをしっかりと意識し、自分のやり方で新たな道を開拓しなければ、その衰退期を抜け出す糸口を探すことはできない。

　景気が悪いから業績が悪いのではない。もうすでに衰退期に入り自社の

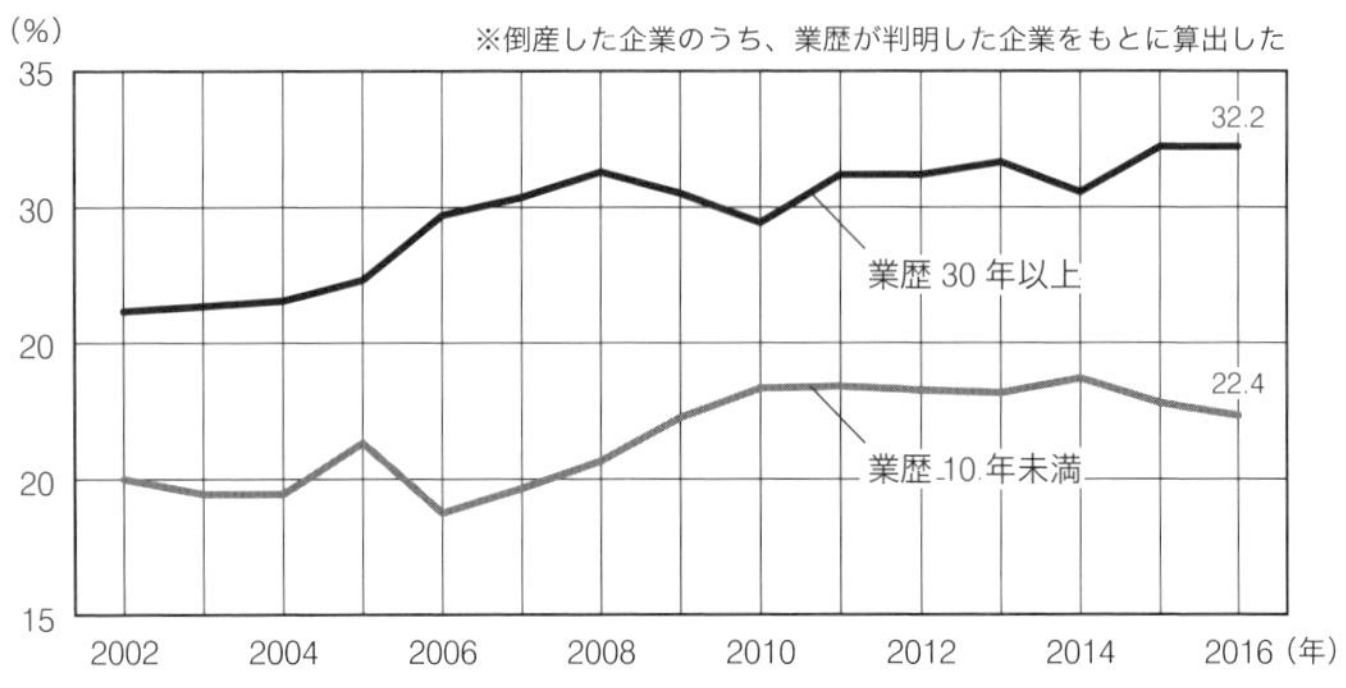

図1･7　業歴別･企業倒産件数構成比推移（東京商工リサーチ調べ）

価値を消費者にインパクトのある状態で伝えられていないから業績が悪化していることを、事業承継の双方が理解して、後継者が自分なりの走り方に覚悟を決めることが再生の第一歩である。その意味でも企業のアイデンティティや、その人らしさを見つめ直すことが非常に重要になる。

地元企業の「承継起業」のすすめ

これまでのやり方では通じなくなっていることから、やり方を変えて現状を打開する必要がある。だからといって全然違う分野で新たな道を切り開くというのも現実的には難しい。

それではどうしたらよいのか？　それはこれまでの経営資源の中にある地域資源を最大限に活かして、もう一度起業することが有効である。

後継者には様々な悩みがある。しかし、すでに衰退期に入っている状況下で、ただ「会社を継いだ」と考えていると未来は明るくない。後継者自身が自ら起業すると思えるほどの情熱と、その人でないとできなかったと思わせるユニークさを表現しないことには、新たな事業インパクトは生まれない。

国の進める施策の一つとして第二創業という考え方がある。第二創業とは、すでに事業を営んでいる中小企業・小規模事業者において後継者が先代から事業を引き継いだ場合などに業態転換や新事業・新分野に進出するものだ。農業従事者が農作物を加工し販売するなど、これまでの技術を活かして、日本標準産業分類の細分類においてこれまでと違う業種で新たに勝負するということである。

非常に重要な考え方ではあるが、ここまで難易度の高い業態変換や事業の立ち上げをせずとも、これまでやってきたことをブラッシュアップし、同じ業種内で少しだけ角度を変えた商品企画や販売方法の工夫が、一番現実的で確実な方法だと考えている。

これまでその地元において支えてくれた人々、その土地であるから利用できる資源、蓄積してきたノウハウ、その業界を支えてきた設備。よそ見せずとも、実は目の前に宝がたくさん眠っているのだ。

そこには他が真似できない人やもの、歴史や成り立ちなどの地域資源が十分にある。後継者がその資源をフルに活かし、時流にあったアプローチをするという「承継起業」をすることによって、もう一度企業の価値を引き出し、新たな雇用を生み出し、地域に力を与えることができる。

2

後継者が地元企業を生まれ変わらせる

「継がなければならなかった」という言い訳を捨てる

今、目の前にあるものを活かさないといけない、新たな販路を切り開かなければ未来は厳しいのはわかっている。特に後継者の立場に立つとその想いは切実である。

誤解を恐れずに言えば、「継ぎたくてこの仕事をしたのではない」という誰にも言えない想いもあるのではないかと想像する。後継者の多くは幼い頃から跡取りとして育てられてきたことが多い。そして言わずとも無言の圧力が周囲からかかっていることもあっただろう。

実は私も幼い時にそのような立場にあった。「あった」というのは、すでに廃業をして後を継いでいないからである。私の実家は曽祖父の時代に兵庫県氷上《ひかみ》郡（現・丹波市）に製材所を創業し、地域の山から伐採した木材を柱や梁、建築部材に加工して地元工務店に納めていた。祖父の代になり、時代は高度成長期を迎え、地元丹波でも新築需要が高まり、企業として隆盛を極めた時代であった。

私の父は後継者として育てられたこともあり、神戸の会社に一旦は勤めに出るものの、否応なしに製材所を継いだという。父親が会社を継いだ頃から転換期に入り、豊かになった日本の人件費高騰、地元材の割高感、安価な外材の輸入から、徐々に経営状態は悪化していった。その後、父は商売を畳んだ。

多くを語らない父は、「将来を展望すると、その時が潮時だった」と言うが、「選択の自由」もなく家業を継いだ自身の想いと、業界や家族の将来を考えた結果だったと思う。もしも私自身がその立場になった時には、「自分のやりたいことではなかった」という想いが出てきただろう。

私がもし家業を継ぐ立場にあり続けていたら、大学進学やその後の就職、その先の将来も決められたレールの上にあるという状況は、恵まれている環境の反面、自分のやりたいことができないと諦めていたかもしれない。当時の私に「やりたいこと」があったかは別として、なんとなく縛られている状況に不満を感じていたと思う。

何もない田舎が大嫌いで都会に飛び出した者として、家業を継ぐために地元に帰らなければいけなかったのは、苦痛であったとも思う。

しかし今は全く違う考え方である。

もう一度地域で起業する覚悟で挑む

後継者へのヒアリングの中で「マイナスからのスタート」という表現をされる方がいる。その気持ちは十分とは言えないまでも理解できる。企業によっては、古くなってしまった設備や、借入金、多額な固定費用など嬉しくはないことが目の前にあるからだ。

しかし、もし0《ゼロ》から起業しようとすると、どうであろうか。個人事業や会社を新たに始める際に悩むのは、例えば以下のようなことである。

・事業を回すための資金がない。
・事業を手伝ってくれる人材がいない。
・生産活動をする場所や設備が不十分。
・営業するにもどこに行ったらよいかわからない。

売上げを伸ばすために何かにしがみつきたくても、本当に何もないような状況なのである。

一方で、仮に会社の衰退期に事業を承継するとしても、後継者の状況は次のように考えればアドバンテージと捉えることもできる。

・借入金があるのは、金融機関との信用取引ができているということである。
・古くからの従業員は、会社のことを思ってくれている貴重な人材である。
・古い設備も、今では買えない設備かもしれない。
・厳しい取引先は、貴重な情報源である。

単に捉え方の問題だと言われるかもしれないが、目線を変えれば、マイナスと思っている事柄も有益な経営資源になる。それだけではない、当たり前にそこにある環境、地域に伝わってきた技術や蓄積してきた知識、支えてくれている人々や連携できる関係者はそこにしかない地域資源だ。

都市部の方が何でもあって有利なのではない。当たり前にありすぎて、「何もない」と思っているその資源こそが、自社を救う資源であり、どこにも真似のできない武器の種になる。地域資源を活かし、自らが達成したいことを成し遂げるために地元でもう一度起業をする覚悟を持つと事態は変わってくる。

仕方がなく会社を継ぐのではなく、目の前に広がるここにしかない資源を活かして、社会貢献をするために起業をするという「覚悟」が、承継起業の核になる。

通常の起業を行うよりも厳しさを伴うだろう。すぐには社内で意志が通らないこともあるだろうし、明日以降のことよりも、まず今日のことをしないといけない状況など、当事者でないとわかり得ないような辛いこともある。しかし、自らの会社をV字回復させ、もう一度成長過程に持っていくには「地域資源」を自分らしく利用して、承継起業するほかにない。

これまでの都市集中一辺倒ではなく、地方創生の風が吹いている現在こそ、大きなチャンスである。

地域資源を活かすことで、売上げも地域も同時に良くなる

起業するにはまず、何のために起業するのかを考える必要がある。それは前章でも触れたように「成し遂げたいこと」がある企業は強いし、商品やサービスが飽和している時代に、単に消費財やサービスを提供するだけの企業は必要とされていないからだ。

現在では社会起業家という言葉をよく耳にするようになった。海外ではソーシャル・アントレプレナーと言われ、社会貢献を目的とする起業を指す。社会貢献と言えば、公益法人やＮＰＯ法人などが行う公益性の高い住民のためのサービスや地域づくりなどが思い浮かぶが、この言葉は慈善事業をする人だけを指すわけではない。

現在は大企業、中小企業を問わず、社会貢献することを目的とする企業も少なくない。ここでの社会貢献とは、何も地域のゴミ拾いや地域の行事などに協賛することではない。国や市区町村に納税するだけでも十分な社会貢献ではあるが、ビジネスという持続的事業を通して社会課題を解決するがことを求められる時代に入った。

今、日本は急速な高齢化、それによる過疎化や限界集落、また少子化による社会保障制度の問題、林業衰退によって起こる自然災害などの環境問題、エネルギー供給問題など、先進国において前例がないほど多くの課題を抱えている。持続可能性の高いビジネスによって課題を解決していける企業が、成熟市場において消費者の共感を呼び、社会的に求められる存在になれる。

承継起業をすると覚悟を決める際に、何を成し遂げるべきなのか、どのような社会的価値があるかを深く考える必要がある。必ずしも世界規模や日本全体のことでなくてもいい。自らの身の回りや考えの及ぶ範囲から解決できればいい。

例えば日本酒の酒蔵を例に考えてみる。

日本酒の主な原料は「米、水、麹」である。成し遂げたいビジョンはそれぞれの酒蔵の目指す方向性にもよるが、地域に流れる水やその土地で作られる酒米、古くから蔵に住み着いている麹菌、酒造りをする杜氏などが必然的に地域資源として活かされることが多い。

一方で実は、酒蔵が地域の酒米を使用することは、地域の特徴ある日本酒として付加価値を与えるだけではなく、結果的に治水効果を上げることにもつながる。田圃は畦畔《あぜ》で囲まれていることから、小さなダムとも呼ばれている。大雨が降った時など、この小さなダムに一度水が入ることで、雨水が一気に河川に入ることが防がれるため、河川の氾濫を最小限にとどめる効果があるのだ。

図 2･1　様々な地域資源を活かした地元企業が地域を支えている

農林水産省によると、10ａの田圃で約20万ℓを貯めることができる。これは25ｍプールと同様の体積である。

これは酒蔵に限ったことではない。地域の食材を使用した食品加工メーカーであれば、農業や漁業の応援ができるし、こだわりの住宅を作る工務店であれば、地域の美観を守ることにもつながる。地域産業を活かしたメーカーであれば、工場見学などによって学習の機会が与えられるとともに交流人口を増やす可能性もある。

慈善事業ではなく、自社の価値を高めるために戦略的に地域資源を活用することにより、間接的に地域を良くすることができる。地域での承継起業は、自社が活用すべき経営資源としての「地域資源」は何かをしっかりと整理し、その地域のためにもなる本来的な活用の方法を模索することから始まる。

地方とデザインの付き合い方

地域資源を活かしたビジネスを考える時に、ラベルやパッケージ、商品自体のデザインを新しくして売り出すという方法がある。これまで価値を感じていなかった地域資源に、新たな価値を見出すことのできる非常に有効な手段である。経営資源が潤沢にあるわけではない中小企業からすると、設備投資などに比べれば、少額で大きなインパクトを与える可能性があり、売上げの回復につながっている企業もたくさんある。

現在は地方の産品にデザインを入れていくことは珍しくない。しかし、私自身もデザインを生業としているからこそ、地域資源をデザインするにあたって慎重に考えてもらいたいことがある。ヒットしている商品があるからといって、見た目のデザインさえ変えれば売れると安易に考えないでほしいのだ。

業界の定説として、マーケティング調査に膨大な費用をかけられる大企業でも、今年出した商品が来年残っている確率は１０００分の３と言われている。これはまさにヒット商品が出る確率と言っていい。大企業と中小企業のヒットの指標は大きく異なるとはいえ、針の穴を通すような確率であることは間違いない。この厳しい現実がある中で、単にデザインを新しくしたからといって確実にヒットするのだろうか？　戦略も想いもなく、デザイナーに丸投げしてしまっていいのだろうか？

特にこれまでデザインを商品に取り込んでこなかった、地方の中小企業の多くは、「デザインのことはわからないから」「自分にはセンスがないから」といった理由で、デザイナーに言われるがまま商品を作ってしまうことも多い。その結果、商品が売れず、企業側は「売れないデザインをするデザイナーが悪い」と言い、デザイナー側は「デザインした商品を売る気がない」というすれ違いからトラブルになることもある。

少なくない金額を投資した企業からすると、売れる商品を作ってほしいのは当然だが、デザイナー側からすると、「売れると思った商品を提案してＯＫをもらったのでデザインした」となる。私自身も過去の経験から、お互いの言い分は痛いほどよくわかる。

問題は、「何をデザイン発注したか？」ということである。単に売れそうな商品をデザインするように発注するのではなく、事業者の想いそのものが伝わりやすいようにデザインを発注することが大事だろう。市場は甘くなく、売れる確率は１０００分の３ではあるが、売れなければ同じ想いを今度は伝わるように角度を変えて商品を出し、それでも売れなければ、また商品をブラッシュアップして販売すればいい。そのうちヒット商品が出てくる確率は高い。

しかし、「売れるもの」と発注すると、その商品が売れなければ、全く別のコンセプトを引っ張り出してきて、また新たに開発し販売するのみで蓄積にならない。商品やサービスは、事業者そのものなのである。その地域にいるからこそ、その企業であるからこその魂の入った商品を世に送り出さなければ、誰も見向きしてくれない。

最近では、日本各地の衰退する伝統産業の様々なデザイン事例を引っ提げ、いかにも地方のデザイン振興を得意としているようなデザイナーもたくさん見受けられる。ネームバリューや様々な伝統産業のデザイン事例から、依頼したい発注者の気持ちもわかる。そのデザインが悪いわけではないが、それで本当にその地方の衰退を食い止めることができるだろうか？

地方は伝統産業だけでできているわけではない。加工品メーカーもあれば、病院も工務店も、飲食店もある。本当の意味で地方を活性化するには、それぞれの事業者が主役になれるデザインがなければ、地方が自ら元気になることはない。

また、都市部ではあまり知られていなかった地方の埋もれた工芸品や、産品をピックアップして販売するコンサルタントやバイヤーもいる。外の目を入れて慢性化した意識を変えていくことは非常に重要であるが、事業者はそのものの価値がわからないまま、その都市部で売れそうな商品だけ単に消

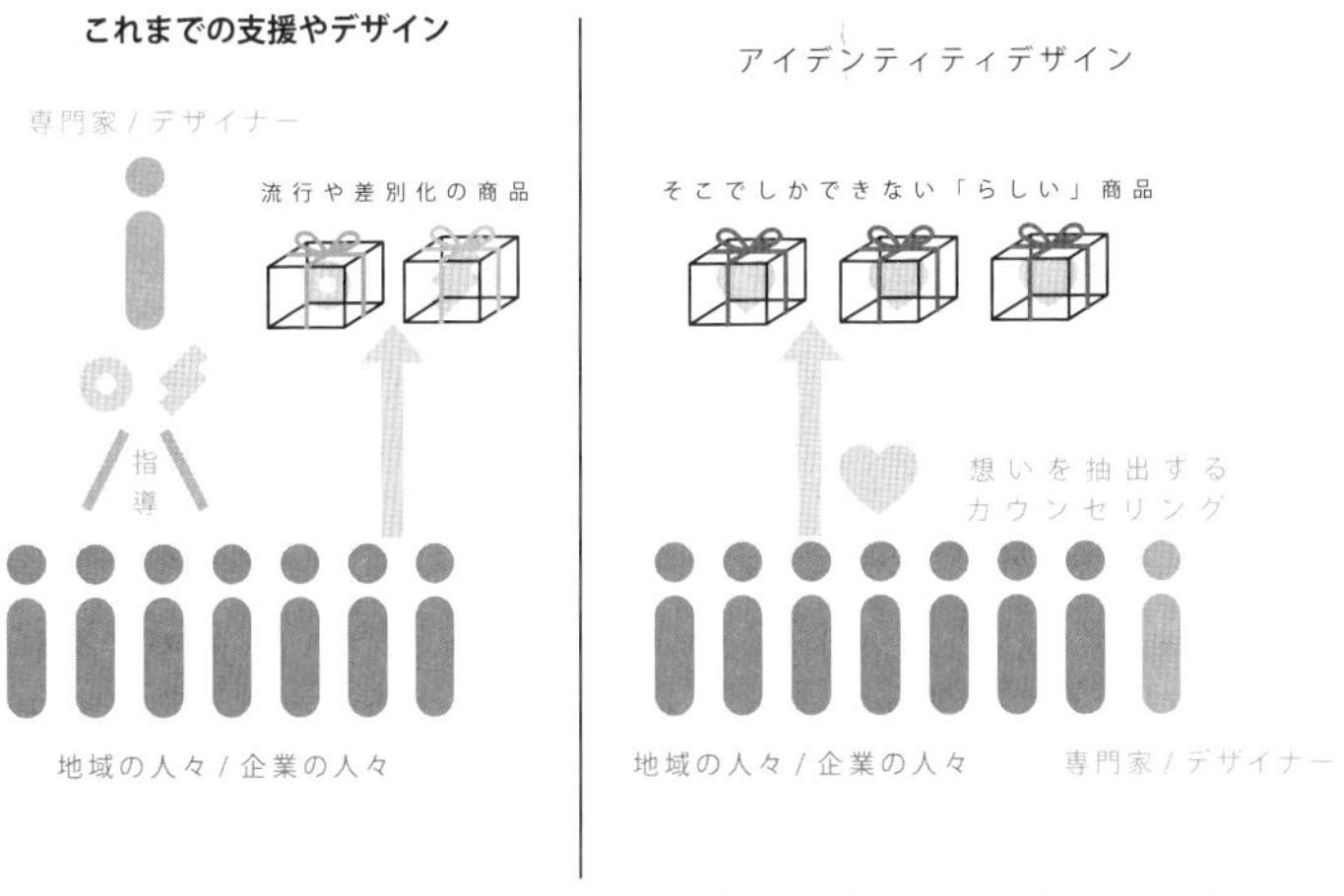

図 2·2　コンサルタントのアイデアからできた商品と、事業者のアイデンティティからできた商品はのちに大きな差を生む

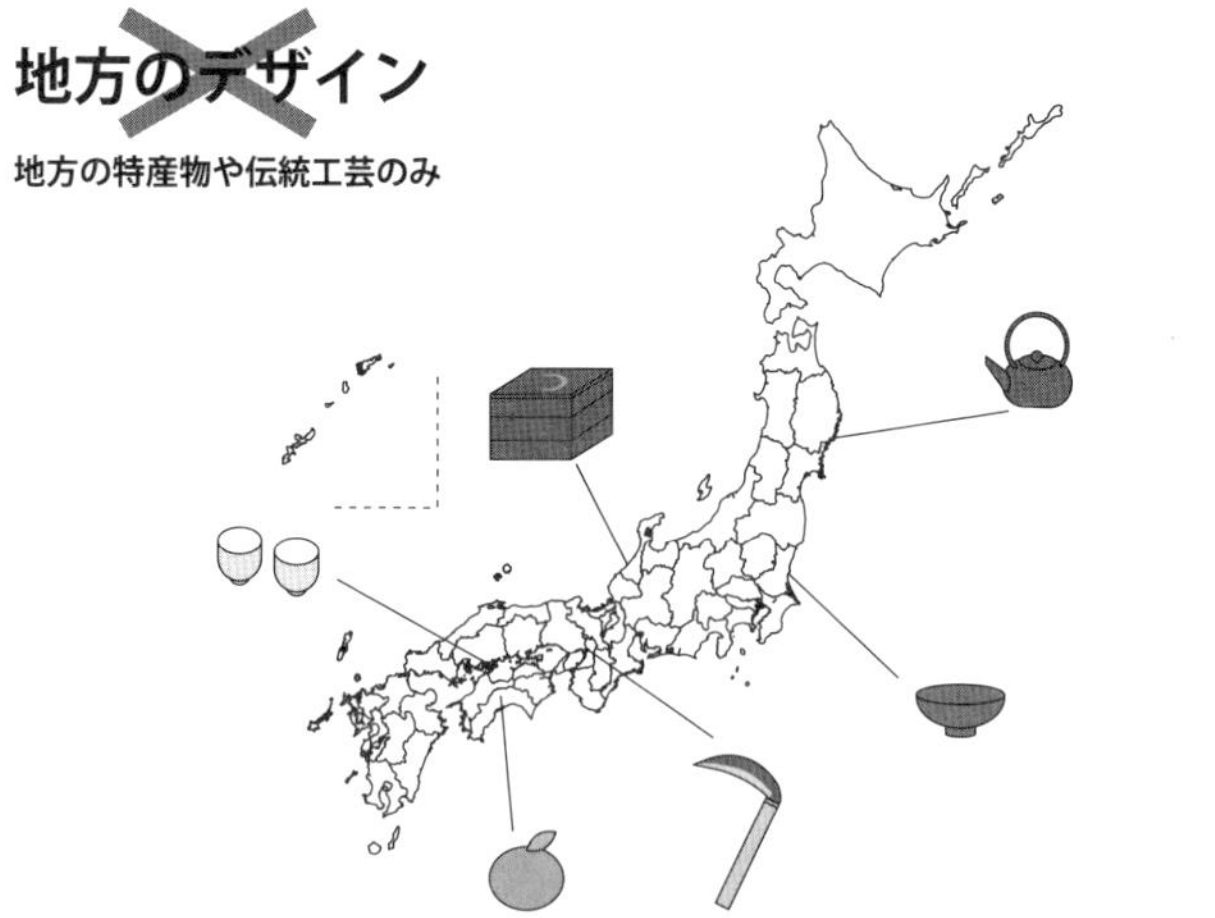

図 2·3　地方の特産品や伝統工芸を活性化するだけが地方全体を活性化することではない

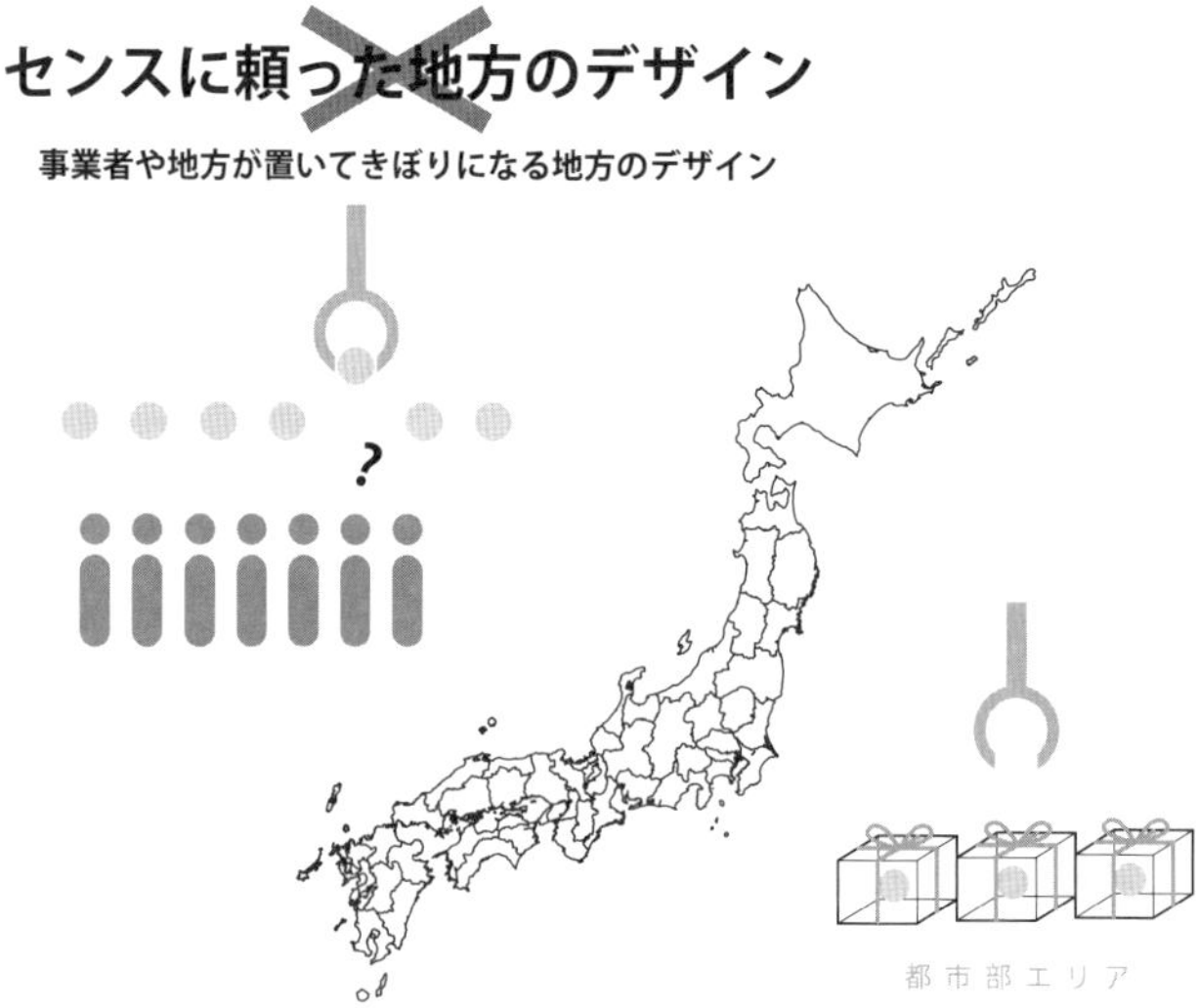

図 2·4　地方の隠れた名品をピックアップして販売するケースが多い

費されていくのは、事業者を取り残し、重要な資源を切り売りしているにすぎない。ものだけをピックアップするのではなく、事業者にまず誇りを持ってもらうことが先決ではないだろうか。

優秀なコンサルタントは人を動かす。デザインする前にまずやるべきことは、事業者自身が何のために仕事をして、何を達成したいのか、そしてこの最大の武器である地域資源を使ってどのような社会を実現したいのかを明確にすること。その整理された事業者の想いを伝わりやすいようにデザインで代弁させることが重要である。

手綱はデザイナーにあるのではなく、常に事業者側が持っているべきである。デザイナーがデザインすべきは、事業者自身の気持ちである。

「衰退する売上げ」と「成長する売上げ」の大きな違い

もう一つ気をつけたいことがある。

私が受ける仕事の依頼には様々な内容があるものの、突き詰めるとやはり「売上げを伸ばしたい」ということが主題になる。仮に売上げが伸びたとしても、どういう理由で売上げが伸びたかを考える必要がある。

再び歴史ある日本酒の酒蔵を例に考えてみよう。ここで考えるのは、常にコンサルタントに報酬を支払い続けることが可能で、営業やその後の展開に人材を投資できる大企業と違い、経営資源に限りのある中小企業という前提である。

【A社】良くないパターン

売上げが低迷するなか、現在の状況を打破すべく、立て直しのためにコンサルタントやデザイナーに新たな商品の開発を依頼することにした。手作りの純米酒を150年にわたり守ってきた伝統ある酒蔵だが、ずっと造り手一本でまともな営業活動や市場調査をしたことのない社長は、市場のことが全くわからないので、コンサルタントにすべてを任せて、今の市場が求めている商品を開発しようとした。

コンサルタントからは、「現在は健康志向なので、体に良いとされる酒粕を練り込んだ、若い女性にも罪悪感なく食べてもらえるクッキーを作りましょう」と提案された。お菓子作りなどしたことのない社長は、悩みながらも現状を打破するために提携工場を探して酒粕クッキーを製造、販売する。

コンサルタントの狙いと市場がうまくマッチし、デザインもターゲットの女性に響くパッケージであったため、思っていたよりも好調に売上げが推移していった。

当初は商品の目新しさから売れていったが、製造方法がわかりやすいため類似商品が発売されるようになり、やがて売上げは鈍化する。加えて、コンサルティングやデザインの料金はもとより、商品の販売促進のために都度発生する販促物の制作料金が重くのしかかる。さらなるヒット商品を出すために、そのコンサルタントに再び発注するか悩む。

【B社】望ましいパターン

日本酒の地元消費も徐々に減少し、存続の危機である小さな酒蔵。これまでは自家製でラベルデザインもしていたが、ジリ貧状態であった。このままでは未来がないと、コンサルタント、デザイナーに新たな商品の開発を発注する。

営業活動はしていたものの、反応が振るわないと心が折れてしまう蔵元。しかし、すべて手作りでこだわりの純米酒を守る伝統を、なんとか若い人にも届けたいという想いは人一倍強い。

コンサルタントの新商品開発は、いきなり商品を考えるのではなく「自らは酒造を通して何をしたいのか？」ということを考え抜き、あえて市場に合わせるのではなく、作り手自らを表現する酒を自分らしく販売することにした。音楽や映画が好きな蔵元は、おしゃれなイタリアンにも合う日本酒らしくないパッケージを作り、その中に自らの命である日本酒を詰め込んだ。

おしゃれな中にも、地元の景色を溶け込ませたモダンなパッケージの日本酒を、地元だけでなく新たな販路を開拓しながら販売すると、予想以上の反応があった。さらに、販路を拡大し、売上げも好調に推移。コンサルティングやデザインの料金はかかったものの、その酒蔵にしか作れない味わいと風景を溶け込ませたパッケージが好評で、客先からサイズ違いの一升瓶の販売をリクエストされる。自分たちが自信を持って提供できる酒として、コンサルタント、デザイナーとともに作り上げたデザインの世界観を保ちつつ、自分たちでデザインをした一升瓶も発売した。

例に挙げた両方とも売上げが伸びているとして、どこが違うのだろうか？

A社は実例ではないが、地方のデザイン案件としてよくある事例である。では何が良くないのか？

一言で言うと「コンサルタント側にボールがあり、そこの酒蔵でなくてもできてしまう」ことである。A社の社長は、１９９０年代に広まった「マーケットイン」という市場の求めている商品が良い商品という考えの中からスタートしている。そのこと自体は悪くないが、肝心の市場のことはわからないので、コンサルタントに丸投げになってしまっている。

１章でも述べたように、コンサルタントは限りある時間の中で最大のパフォーマンスをしないといけないので、現在の消費者が求めている事例を、現在の流行の兆しなどから提案することが多い。今回の場合は、売れたから良かったものの、そもそも売れないかもしれない。何より最大の問題は、事業者自身が作りたいかどうかわからないクッキーを販売していることである。ただ流行りそうだから、まだやっている人が少ないからという理由だけで、その新商品を販売しているにすぎない。

さらに、その人、その土地のもたらす資源、地域への想いがほとんど活かされない中での商品作りとなっている。酒造りで出てくる資源を利用してはいるが、自分の中にはないアイデアであるから、営業自体にも力が入らないし、次の一手を打つのにまたコンサルタントの力を借りないといけないことになる。そして危険なのは、その会社でなくてもできることである。そのうち似たような商品が市場に増えてきて、その中に埋もれてしまいやすい。

また、その商品を販売するためのチラシやツール、ＳＮＳでの発信に至るまでデザイン事務所に頼み、投資過多になってしまうこともある。外部の力に頼らないと手が打てなくなり、結果的にその企業に対するブランドイメージや、商品への想い、地域への想いなど経営の資源とも言われる部分まで人任せになってしまうことも考えられる。

B社は実例である。詳しくは3章の銀海酒造㈲の事例で説明するが、A社との違いは、世の中に出すものとして自ら責任の取れる商品を販売し、さらに自分たちで違う商品も展開している点である。

まず大切なのは、自社の経営資源をフルに活用することである。大変難しいことだが、現在、持てる資源を受け入れ、自分の想いに覚悟を持つことが大切である。

切っても切れない土地や地域との結びつき、自社の設備や資金力、そして自分自身の好きなことや成し遂げたいことを考え抜き、それを自分自身で商品やサービスに置き換えて表現していることが重要である。そして、その商品や資源をアピール、発信できるように自分自身のスキルを高めることも必要となってくる。

地域とともにある自分らしさを表現していくことで、他人任せではなく「これが自分の成し遂げたいことだ」と自信を持って販売できる。また、自分でやるという意識が生まれてくると、自社の強みの一つでもある地域資源をもっと良くするための活動や、地域資源を広く知ってもらう活動を自身の事業とともに展開してくことになる。この活動は補助金を利用して地域資源を守っていく方法とは違い、積極的にビジネスとして活用することから、持続性とスピード感を持った攻めの活用方法になっていくことが多い。

市場がわからないからといって、誰かに教えてもらった市場で受けそうなコンセプトを採用するのではなく、「自分がやる」と覚悟することが重要なのである。事業者自身も、仕事をしている時以外は消費者である。自分の興味のあることを求め、その価格、量、デザインを選択しながら消費活動を続けている。「誰かが買ってくれる」商品では絶対にヒットしないし、継続的に売上げは伸びない。「自分だったら絶対に買う」ものを考え抜き、商品を磨き上げるからこそヒットし、それを自分のやるべきことと認識し、仕事として継続していくからこそブランド化していくのである。

鍵は「自分らしいか」である。その自分の中には、地域を含めた資源が存在する。自分らしさが伝わるからこそ、生き生きとした魅力が伝わり、ファンができるのである。

承継起業のための3つのステージ

単に親がやっていた事業を継いでいるのではなく、コンサルタントやデザイナーに丸投げしない自分らしい起業をすることが売上げの向上、ひいては地域の活性化につながる。

それでは目の前の資源を活かして、自分らしく承継起業するにはどのような方法がよいのか？ ここではそのプロセスを3つのステージに分けて説明する。

「受け入れる」「自己表現する」「交流、成長する」という3つのステージを着実に進んでいくことで、どこにもない魅力のある企業になることができる。

ステージⅠ 「受け入れる」――何のために仕事をしているのかを考え抜く

このステージはアイデンティティを引き出す上で、一番重要な部分である。自らが何のために仕事をし、仕事人生をかけて何を達成したいのかが問われる。

そもそも、会社の経営理念と経営ビジョンを明確に言い分けられるだろうか。経営理念は朝礼などで唱和して覚えていても、経営ビジョンと言い分けるのはなかなか難しい。

理念とは、不変の考え、その企業の変わらない根本の考えである。ビジョンとは成し遂げたい未来の方向性であると言える。

最初に考えるべきは理念を再構築することである。その企業が何のために生まれ、どのような社会貢献をしていたからこそ、消費者から共感としての対価を得て発展してきたか。そのことをしっかりと紐解く必要がある。

経営者にこれまでの会社の成り立ちや、事業の経緯、商品の特徴などをヒアリングすると、「こういう業界だから」「業界では当たり前」という答えがよく返ってくる。そして時流に合わせて様々な商品やサービスをしてきたからこそ、自社の大切にしてきたことがわからなくなっている経営者も多い。

しかし、「なぜそんなことを始めようと思ったのか?」「その商品にはどんな意味があるのか?」と丁寧にヒアリングしていくと、必ずそのこだわりが出てくる。

何でもありで仕事をしてきたわけではないのだ。こんな仕事をしたい、もしくはしたくないという、仕事を通しての矜持はどこの企業にもあり、かつその企業によって全く違うのである。

ここでのポイントは、後を継いだ(継ごうとしている)経営者のパーソナリティが活かされているかどうかだ。

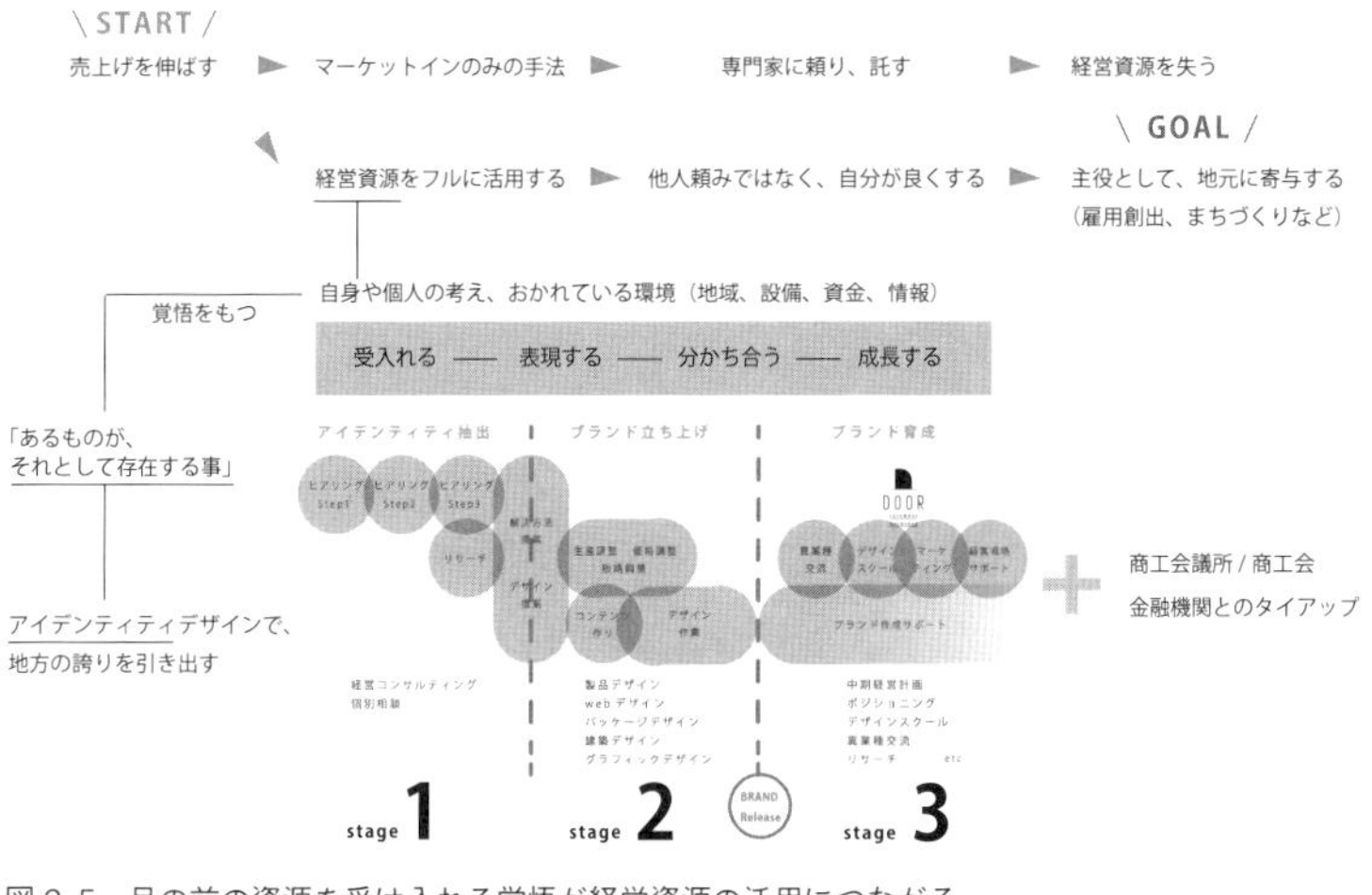

図2·5　目の前の資源を受け入れる覚悟が経営資源の活用につながる

「すべての人に笑顔を」というような、耳触りの良い理念ではなく、経営者が変わらず大切にしている考え、すべての行動の基準になるその企業、その経営者自身のアイデンティティをシンプルに「わかりやすい一言」として表現する必要がある。

「自分らしいか」「楽しいかどうか」が鍵であると述べたように、これまでの成り立ちから会社として大切にしてきたことを抽出し、それに自分のパーソナリティを付け加え、自分色に染めて行動するからこそ、生き生きとした理念になる。

この理念とビジョンは、過去から未来へと一直線で結ばれているはずだ。ビジョンは未来の到達イメージであり、その変わらない考えから導かれる成し遂げたい未来である。その企業、その事業者の考えが広く共感を得て、社会を少しずつでも良い方向に変えていくことである。

だからこそ、理念の始点とビジョンの達成点をつなぐ直線上に商品やサービスのコンセプトがあり、そのコンセプトは到達点に向かうための戦略の一つなのだ。単に流行を追って、理念と全く関係のないコンセプトに沿った商品やサービスを

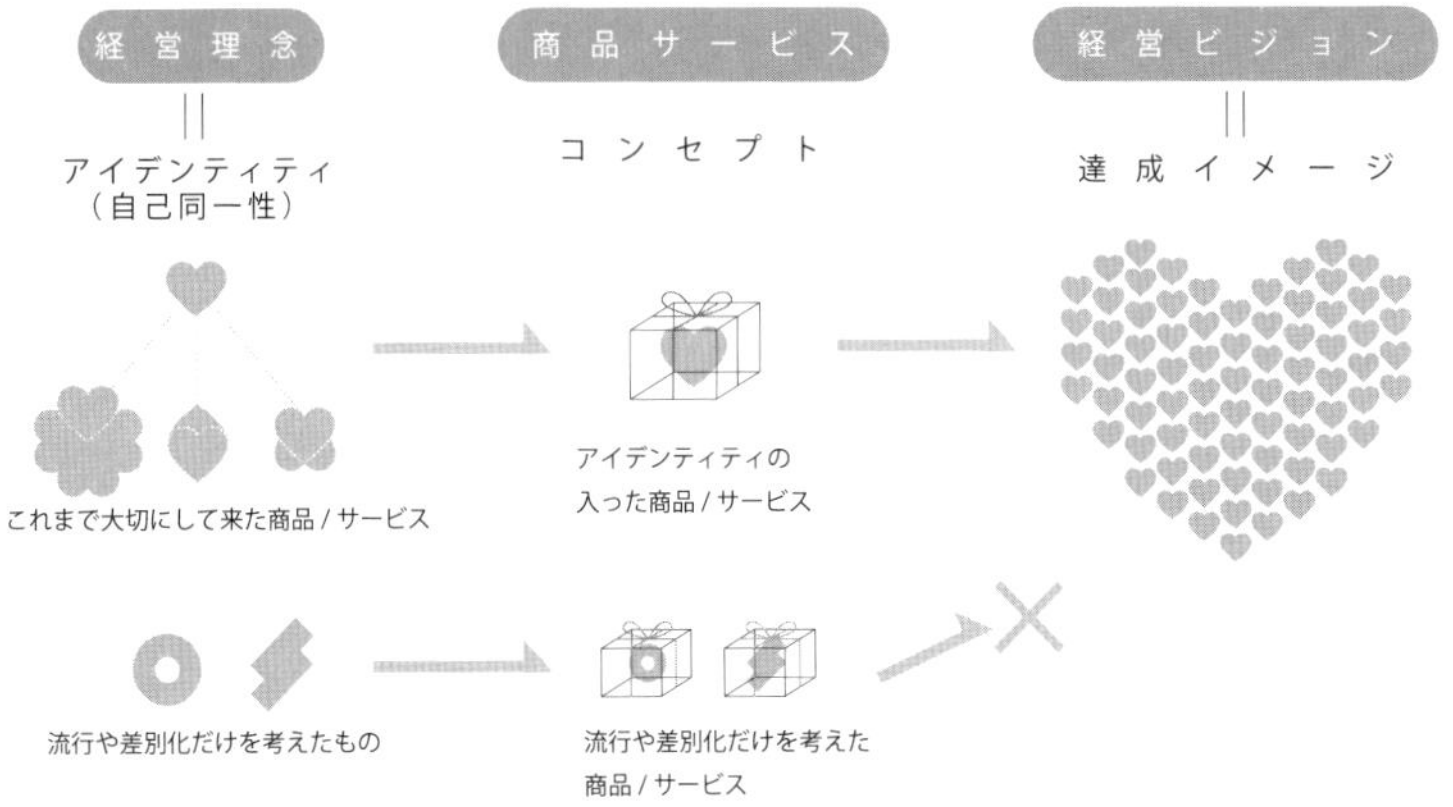

図2·6　自らが大切にしたいアイデンティティから、達成したいビジョンを、そしてその達成に向けたコンセプトという順番が大切

リリースしても、消費者の共感を得て売れるかどうかはわからない。仮に売れたとしても、事業者を含む企業自身の成し遂げたい社会の実現には絶対につながらない。

商品開発の中で、いきなりターゲットやコンセプトを考えることが多いが、実はアイデンティティを含む理念という始点を探し、成し遂げたいビジョンを整理してから、その実現に向けて現在の消費者が共感するコンセプトを抽出するのが正解なのである。

始点である「理念」、現在、取るべき戦略の「コンセプト」、達成点である「ビジョン」の3つをヒアリングシートを参考にしながら、まとめることから始めると考えやすい。

まずは自社の強みから考え、その後にこれまでの社会的価値、それがうまくいかなくなった要因、そして新たな価値を生み出すための市場、社会をどう変えていきたいかなどを考えていく必要がある。

その中でキーポイントになるのは、「その他の類似商品・サービスに対して、どのように思うか」という質問と、「これまで培ってきたことがどこに活かされているか？」という質問である。「その他の類似商品・サービスに対して、どのように思うか」という質問の答えとして多いのは、「他所よりも良いものを作っているのに伝わらない」「もっと若い人に使ってほしい」などである。価値が伝わらなければ、伝わりやすい形にするべきであり、若い人に使ってもらいたければ、その消費者に響くデザインや用途の商品にすればよい。

ここで抽出したいのは、事業者の想いの根底にある「栄光ある不満」である。

栄光ある不満とは、単なる不満や愚痴ではない。消化不良に感じる点をしっかりと見つめて改善すれば、事業への強い想いに変わるものなのである。経営者自身の個人的なことでもいい。まだ顕在化していない経営者の想いの根底にある不満を導き出すことが大事である。

「これまで培ってきたことがどこに活かされているか?」という質問は、地域資源を含めて、その地域でしかできないこと、蓄積してきた技術やノウハウ、事業を回す上での知恵や人材をフルに活用する方策を考えるためのものである。根も葉もないところに新規事業を興すよりも、これまでの蓄積を新たな展開のベースにする方が、誰が考えても優位性が保たれる。

ここが事業者にとって最も苦しいステージである。自分のことは自分が一番よくわからないからである。苦しいながらもこのステージで考え抜くべきは、目の前にある資源を自分なりに活かし、事業者自身も気づいていなかったような、自分らしく生きられる道を探すことにある。そこで、できるだけ他の人にヒアリングをしてもらう形で進めた方がよい。質問に答えているうちに、普段改めて考えなかったこと、自らでも気づかなかったようなことが口をついて出てくることがある。それをうまくまとめていくのがコツである。

STEP 1
サービスについて

ヒアリング

Q. サービス（商品）の強みは？

Q. その他のサービス（商品）と何が違うか？

Q. このサービス（商品）を提供するきっかけは何か？

Q. サービス（商品）で他が真似しづらい部分は？

Q. その他類似商品・サービスについてどう思うか？

Q. なぜこのサービス（商品）を提供するのか？

Q. このサービス（商品）を提供して社会がどう変わって欲しいか／変わって欲しくないか？

Q. このサービス（商品）をどういう人に提供していきたいか？

図2·7　ヒアリングシート（STEP1）　なぜこの商品が必要なのかを考えぬく

STEP 2

社会的価値について

ヒアリング

Q．御社が従来行ってきたサービス（商品）とはどのような事か？

Q．従来行って来たサービス（商品）はどこから依頼を受けて、どこに納める？

Q．御社の社会的価値はこれまでどこにあったか？

Q．なぜ新しいサービス（商品）を市場に投入したいのか？新しいアプローチをしたいのか？

Q．新しいサービス（商品）でアプローチを行ってどう変化させたいか？

Q．御社がこれまで培って来た事は、どこに活かされているか？

Q．市場の変化に対応し、これまでの商品をどのように変化させていくべきか？

Q．これからの御社の社会的価値はどこにあるのか？そのメッセージは？

図2·8　ヒアリングシート（STEP2）　どんな夢を叶えたいのか考える

STEP 3

販路について

ヒアリング

Q．新しいサービス（商品）を提供し、メッセージを届けたい人（ターゲット）は誰か？

Q．新しいサービス（商品）を提供していく場合、ライバルになるのはどこか？

Q．新しいサービス（商品）を提供していく場合、障壁になるのは何か？

Q．新しいサービス（商品）を提供していく場合に、理想的な商流はどのような形か？

Q．理想的な購入シチュエーションはどのような感じか？

Q．提供する売り場はどのような場所がいいか？

Q．提供する売り場でどのようにアプローチするか？

Q．新しいサービス（商品）を提供して、どのようなメッセージを届けたいか？

図2·9　ヒアリングシート（STEP3）　夢の実現のために必要な戦略を考える

ステージ2「自己表現する」
―想いを一秒で伝えるためにデザインする

苦しいステージ1を終えて、「何のために仕事をしているのか」「達成したい未来の形はどうか」を明らかにし、その達成のためにこのコンセプトを打ち出すところまできたら、あとはそれを消費者に伝えるだけである。

そうは言っても、その想いを消費者は時間をかけて聞いてくれるわけではない。ただでさえ情報が溢れかえっている時代において、長々と想いの丈を文章で綴ったところで、消費者はこちらの都合が良いように読んではくれない。

だからこそその想いを端的に、そして正確に伝える仕掛けとして「デザイン」を活用すべきである。デザインとは日本語で「意匠」と訳されることが多い。意匠とは、その言葉を分解すると「意図を伝えるために、匠を凝らす」となる。もう少しわかりや

図2·10　事業者の想いを一瞬で届けるために様々なデザインで表現する

すくすると「意図を伝えるための、工夫や仕掛け」とも言える。

そもそもデザインは、社会をより良くしたいなどの意図を伝えるために、かっこいい、かわいいなど人の気持ちに作用する造形などを通じて、行動を促す方法である。

ステージ1でまとめた事業者の想いや意図を、より多くの人に、より短い時間で共感を得て、行動を促すためには、様々なタイプのデザインを駆使するとより結果が得やすい。それはプロダクトそのものから、パッケージ、パンフレット、ウェブ、インテリア、建築まで多様であるが、事業者の意図を一番反映しやすい方法と戦略で消費者に伝えることが重要である。

逆に言えば、デザインは立派であっても、事業者の想いが伴わず、消費者の期待を裏切るようなことがあると、信頼は一気に崩れてしまう。だからこそ、まずは事業者の想いを固め、その後にそれを伝えるためにデザインするのが正しい順番なのである。

ステージ3「交流・成長する」——共感者とつながる・デザインスキルを磨いて強くする

ステージ2を経て、商品やブランドがリリースされたらそれで終わりではない。むしろそこが始まりなのである。せっかく良い商品を出しても、一度きりの情報では消費者は覚えてくれない。情報を出し続けてこそ、消費者の中にイメージが出来上がってくる。ブランドとは記憶であるからこそ、消費者の意識に同じ質の情報を提供し続ける必要がある。

現在はウェブサイトやブログだけでなく、Facebook や Instagram などＳＮＳで企業の情報を発信することが不可欠になっている。インターネットだけでなくとも、イベントや展示会に出店・出展する際のチラシや、店頭用の商品ＰＯＰなどの細かな販促グッズまでありとあらゆるチャネルで情報発信が必要となってくる。それらをすべてプロに頼んでいると、お金がいくらあっても足りない。バリエーションやサイズ展開などのたびにデザイン料を支払わないといけないようになると完全に投資過多となり、採算が取れない可能性が高くなる。

ここでも、デザイナーなど専門家に丸投げしたり任せきりにするのではなく、自らがその先頭に立たないといけない。新たな商品自体のデザインまでは難しくても、上手な写真の撮り方や伝わりやすい文章、簡単なチラシやＰＯＰづくりなど、従業員を含む事業者自身がインハウスデザイナーとなり、自らの力を磨いていくことが事業の持続性を高めることになる。

また前述した通り、経営者、特に後継者は非常に孤独である。会社の未来のために模索するも、それ以前にするべきことがたくさんあり、社内にもすべての気持ちを理解してくれる環境があることは珍しい。

そんな時は、同じ境遇の経営者や自分の業界以外の人々とつながることで奮起し、新たなアイデアが生まれてくることがある。取引とは直接関係がなくても、自らの仕事のことを客観的に聞いてくれ、お互いに刺激を与え合える異業種交流会などに積極的に参加することが望ましい。地域は違っても一緒に頑張れる仲間や応援してくれる共感者とつながることができ、他業種とのコラボレーションなど、新たなビジネスの種を生む可能性がある。

図2･11　ライターやカメラマンにプロのコツを学ぶ「できるDESIGN SCHOOL」の様子

誰かがやってくれるのではない、自分がやる

これまで一貫して、他人の成功事例によそ見をしない、コンサルタントやデザイナーなど外部に頼りすぎないことが重要であると述べてきた。事業者自身がやりたいこと、仕事人生をかけて成し遂げたいことを探し、それを消費者に伝える。その時に一番の武器になるのがその地域の人やもの、設備や蓄積された技術やノウハウなどの「地域資源」なのである。親がやっていた仕事を継いだという気持ちから、自らが創業者だという気持ちになり、地域資源をうまく活用していく企業が新たな価値を通じて雇用を生み、その地域を持続的に活性化させることができる。

地方を継続的に活性化していくのは、地方への補助金ではない。その地方に誇りを持って、新たに承継起業した事業者だ。成功事例や売れるコツなどを誰かから聞くことはやめて、今すぐ目の前にある資源、そして自分自身を見つめ直し、自分の中にある想いに責任を持って表現する。それこそが遠回りのようで一番の近道である。

図2·12　様々な地方、業種の事業者などが集まりプレゼンテーションする「SASI BAR」の様子

3

強みを活かして結果を出す

10のケーススタディ

ここまで、自分のどうしてもやり遂げたいことを突き詰めて考え、そのことを自らが表現していくことが事業者にとって大切であると述べてきた。

この章では、本当に大きな課題がありながらも、見事に承継起業を果たし、結果を出しつつある10社の事例を紹介していく。酒蔵、食品加工、繊維、不動産と様々な職種において、事業を承継する背景や課題、どのようにして自らやり遂げたことを実現していったのか、その後の経営状態をインタビューを交えて紹介する。

今回、10社の中に、同業種である酒蔵をあえて2社入れた。しかも隣町同士である。ここで掴んでもらいたいのは、同じ業種であっても、同じような地域資源でも、その事業者のやり遂げたいことによって、表現方法やアプローチ方法が全く違うということである。

前章でも述べたが、他人の成功事例は自分の成功の道筋とは限らない。苦しい状況にあるからこそ、自分が「楽しい」と思える自分ならではの承継起業が必要である。

case 01

直径100mからのまちづくり 地主が自分たちで高めた地域の価値

DAMAYA COMPANY ㈱

兵庫県宝塚市高司

□課　題　空き家活用によるまちづくり事業とブランド化
□その背景　賃貸マンション老朽化による入居率悪化
□地域資源　隣接した3棟の保有物件と駐車場
□着目点　DIY賃貸ブームとコミュニティづくり
□解決方法　自然素材DIY賃貸マンションとテナント誘致、カフェやイベントによるコミュニティ形成

保有物件の老朽化による入居率0％からの脱却

宝塚歌劇団の本拠地として全国的に有名な兵庫県宝塚市。かつては歌劇場を中心に遊園地など娯楽施設が建ち並ぶ温泉地として発展した。歌劇団や阪急電鉄のイメージもあり、華やかな印象が伴うが、現在は遊園地の撤退など主産業である観光業が衰退しつつあり、大阪や神戸へは鉄道で30分圏内とアクセスの良さから住宅地開発が進み、阪神間のベッドタウンとなっている。

DAMAYA COMPANY ㈱が位置するのは、阪急今津線で3駅目の小林《おばやし》駅から徒歩15分という、利便性が高いとは言えない場所だ。

代表の木本孝広（以下、木本）の祖父にあたる木本一《はじめ》はもともと、同地域の農地を購入し、農業を営んでいた。周辺の宅地化が進むにつれ、住宅需要が高まってきたことから、農地を賃貸住宅に変えるべくアパートを建てたことが、大家業を始めるきっかけとなった。さらに鉄筋コンクリート造のマンションを建設した後、木本の父である木本秀巳（現会長）が家業を継ぎ、父の建設した賃貸住宅の管理にあたっていた。

木本の父は公務員として勤めながら、副業として大家業を営んでいたため、木本もそれを本業にする意識はなく、緑化資材メーカーに就職し、東京支店に勤務していた。

しかし、物件が築40年近くになってくると、鉄骨造の店舗付き住宅のアパートも、老朽化により入居率が低下し始める。駅やスーパーから近いわけではないこともあり、賃料を下げるしかなかった。賃料の下落に比例して、新規入居者の生活水準も下がっていき、賃料未払いや夜逃げなどトラブルが続いた。木本の保有物件は4棟であったが、そのうち2棟は店舗付き住宅として、商店街筋に面していた。かつて商店街として賑わっていた周辺は、大型スーパーの出店なども影響し、徐々に商店が減っていた。木本の物件にも散髪屋やクリーニング、居酒屋などが入居していたが、２０１２年にすべて退居してしまい、一棟が入居率０％になった。

かつて賑わいのあった商店街がシャッター通りに

それまでの賃貸経営は、できるだけ「入居者と接触しない、入居者同士がつながり合わない」のが常識だった。入居者からの要望が増えるなどトラブルの元と考えられていたためだ。しかし、そのような従来の賃貸経営の方法では資産価値が下がり続けると危機感を持った木本は、父親の反対を押し切り、地域にこれまでなかったような物件を作ろうと、自然素材をふんだんに使用したＤＩＹ可能な賃貸マンションへのリノベーションを決断した。

賃貸経営から見えてきたまちづくり意識

２０１２年２月、リノベーション物件の施工を請け負った道下工務店の紹介で、私は最初の入居者となった。長屋を改装した土間スペースのある変わった住宅があるということで、何か面白いことができそうだと思い、入居を決意した。innovation《イノベーション》、innocence《イノセンス》、renovation《リノベーション》という言葉からinno house《イノハウス》と名付けられたこの物件は、自然素材でリノベーションされたＤＩＹ可能な賃貸マンションという、この地域にこれまでなかった価値のある物件ということもあり、工事完成前に私を含む5室すべての入居が決まった。DAMAYA COMPANY㈱とは、大家と店子という形で関係が始まった。ある時、木本と会長に「大家は不動産を持っているのだからまちづくりができる。私はデザインができるので、一緒にまちづくりをしましょう」と語ったところ、まちづくり意識のある木本と一瞬にして想いを共有できた。

入居間近になった頃、最後の床のワックス掛けを入居者自らがするという「ワックス掛けイベント」を木本が企画した。入居者が集まり、自ら部屋のフローリングを蜜蝋で磨いた。これによって隣同士の入居者が顔を合わせるようになり、自然とコミュニケーションが生まれていった。

一方、入居者である私は、土間がありキッチンが付いている空間の面白さを活かしたいと思い、友人やクライアントを交えて話をするSASI BAR《サシバー》というバーイベントを企画し、毎月1回行っていた。クライアントや友人だけでなく、ワックス掛けイベントで顔見知りになった入居者もたくさん参加してくれ、お酒を酌み交わし自然と仲良くなっていった。10回を超えた頃、入居者の一人が結婚することになり、そのバーイベントで結婚式をするなど、かつて空室だらけだった長屋が住民同士のつながるコミュニティの場となっていった。

この状況を見て、さらにこのコミュニティを確実なものにしようと考えた木本は、inno house の目の前にあった駐車場に新たな賃貸マンションの建設を決意する。

通常、大家業では、離れた場所に保有物件があることが多いのに対して、DAMAYA COMPANY ㈱の3つの保有物件は道と駐車場を挟んで隣接していた。それを一番の強みだと考えた木本は、その真ん中に空間として広がっていた駐車場に新たな建物を作り、小さなまちを作ることで物件としてだけでなく、エリア自体の価値を高めようと考えたのだ。そこで駐車場に建つまちの核になる建物を、住民やまちを訪れる人々が混じり合い、育っていく様子に例えてkarakusa《からくさ》と名付けた。

どうすれば住民同士が挨拶を交わす間取りになるかを、模型で検討する

様々な人々が交差し混じり合うことを願ってプロジェクトが始まった。それまでは単なる入居者であった

SASI DESIGNもこのプロジェクトに加わり、コンセプトづくりとデザインを担当し、どうやって「まちを作るか」ということを一緒に考えた。
まず検討したポイントは次の3つであった。

1　これなら住みたいと思う建物の魅力をどう引き出すか？

Inno houseの成功をもとに、壁・床・天井ともに自然素材で作ることを前提とし、賃貸マンションではあまり例のないメゾネットタイプ（2階建て）を提案。賃貸マンションは賃料が大きな要素なので、利回りを検討し、返済のバランス考え、周囲の相場と照らしあわせながら家賃を決定した。
また、壁の一面を10色以上の選択肢の中から好きな色を選んでペイントし、自分らしい部屋にカスタマイズすることができるなど、新築でありながらＤＩＹ可能な住宅とした。

2　建物を作るだけでなく、その後どうやってコミュニティを作るか？

奇抜なコンセプトで建てる建築はたくさんあるが、それを使いこなせなければ意味がない。そこで、駐車場であったスペースに「建物」を建てることばかりではなく、建物を建てることにより活動できる「隙間」を作ることを検討した。積極的に隙間のスペースを作り、そこをどのように使ってもらえるようになるかを

完成したkarakusaの外観

まちの住人の通路兼イベント広場

想定しながら、カフェテラスやイベント、ＤＩＹのためのスペースなどを設けた。

交流の核となるカフェの運営は SASI DESIGN が担うことにした。これまで回を重ねてきた SASI BAR だけではなく、常に開けた場所にカフェを設けることによって、住人同士やその他の地域の人も含めたコミュニティづくりを目指した。

3　他の地域からも訪れたいと思えるエリアをどう作るか？

宝塚市内において同地区は下町であり、正直に言って憧れを生むような場所ではなかった。利便性も良いとは言えない地域に、自然素材のＤＩＹ賃貸というだけで、全10室を埋めることができるか？　また、単に仕事から帰って寝るところでいいのか？　ということを考えた。建物だけの魅力ではなく、「そこに住む人、働きに来る人、訪れる人、様々な動機を持った人々が、交流し自然と絡み合う」というのが計画に込めた願いだった。ここに住むこと自体を誇りに思ってもらうために、建物だけでなく、このエリアのブランド価値を上げていくことにした。

そこで「自分たちのまちは、自分たちで作る」というスローガンをたてて、このエリアをinno town《イノタウン》と名付け、新築と周りの３棟を含め、直径１００ｍほどの小さなまちと定義した。

その小さなまちには、どんなお店がいるだろうと木本と妄想しつつ、リーシングを行うことにした。コンセプトを半年ほどじっくりと練り上げ、工務店各社にプレゼンテーションを行った。結果としてここでも inno house を施工した道下工務店が想いに共感してくれ、一緒に工事を進めることとなった。

かねてより「チームで仕事がしたい」と言っていた木本の想いを汲んで、その想いを共有できそうな SASI DESIGN のクライアントでもある2社に対して、チームに参加してほしいと説明していった。

1社は兵庫県丹波市にある山本造園。雑木の庭を得意とし、単なる鑑賞用の庭ではなく、人と人が交流するための庭づくりをするhitoniwa《ヒトニワ》というブランドで施工している会社だ。

もう1社は、兵庫県香美町の松岡塗装店（ｃａｓｅ02参照）。まちづくりに関心があり、塗装ワークショップを行って、空き家リノベーションなどをしていた。この2社も含め、チームで想いを共にして価値を最大化するように、工事内容だけでなく、まちに対する考え方を協議しながらプロジェクトを進めた。

工事が始まり、上棟を迎えると「周囲の住民にも我々の想いを届けるべく、餅まきをしたい」と木本が発案した。餅をまくだけでなく、小さなマルシェと仮設のカフェ、苔玉作りや塗装体験などのワークショップなどを行い、餅まきに集まった人々と交流をした。これには思いもよらず２００人近くが集まり、建物への関心の高さを実感すると同時に、地域へのご挨拶を果たせた1日となった。

また、工事が終盤に差し掛かり、室内の内覧会を企画し、夜には流しそうめんやビアガーデンイベントを行った。関係者だけでなく、近隣住民、大学生などを交えてまちづくりセミナー

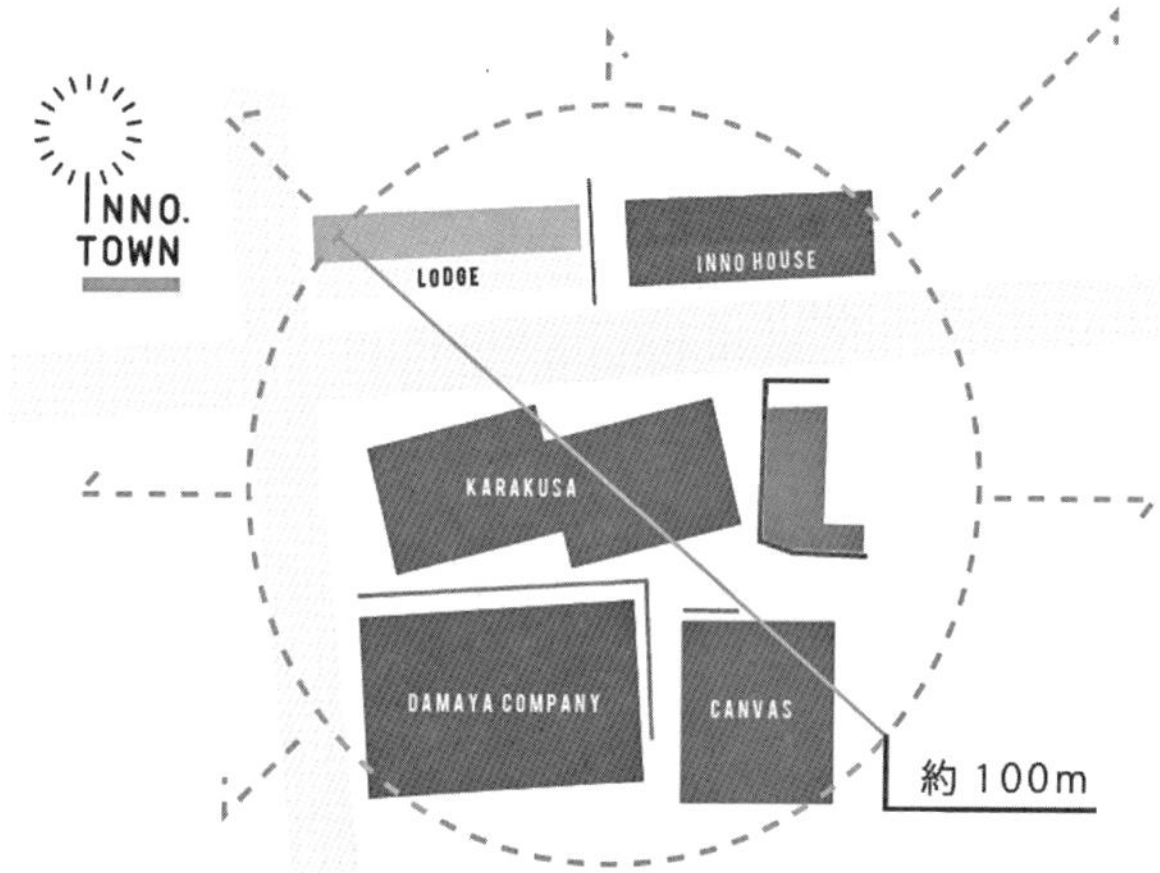

直径 100m からのまちづくり inno town の全体図

も行った。

建物が完成するに従い、新しいまちを自分たちで作るという想いが伝わったのか、あらかじめ予定していたカフェだけでなく、有機野菜の八百屋、ヨーロッパ雑貨屋、健康食とマッサージ、料理教室などの事業者が inno town に出店することとなった。

以前から所有していた賃貸マンションもすべての部屋が埋まり、全部の保有物件が満室となった。

地域住民のべ 200 人が参加した

上棟式で餅まきをする木本

Interview

木本孝広
DAMAYA COMPANY ㈱代表取締役

事業として継ぐつもりはなかった大家業

現在は住民とコミュニケーションを取りながら、「自分たちでまちを作る」という想いでコミュニティを形成する賃貸マンションを経営していますが、数年前まで大家業を「本業」として引き継ぐことは考えていませんでした。現会長である父も現役でしたし、公務員という本業を持ちながらも、副業として「マンションを持っているだけ」という状態でした。

神戸の大学を卒業してすぐ、大家業を継ぐという意識なく、東邦レオという緑化資材などを販売するメーカーに就職しました。東邦レオは、緑化を中心とした公共事業などに使用する資材を開発し、造園会社に販売することが主な仕事。大阪採用になった私はその中において、販売をするだけでなく造園設計への提案営業をすることが業務でした。

この会社は「都市環境・生活環境の改善」という理念がしっかりしていました。その想いに基づき日々緑化を通じて、生活環境の改善を図る営業を夢中で行う中で、さらにチャレンジをしたいと思うようになり、東京赴任を希望しました。

東京での仕事は、これまでの関西や中四国のエリアと違い、同業他社による競争が激しく、思うような結果が出ませんでした。悪戦苦闘しながらも、「どうすれば売れるのか?」というマーケティングや事業自体の経営に興味が出てきたのもこの頃からでした。しかし、当時の仕事を家業の大家業に活かそうとは考えてはおらず、ただこの会社でチャレンジを続けたいという想いで毎日を過ごしていました。

「まずい」と思った賃貸経営の悪化

私が緑化事業のマーケティングを東京で行っていた2002年、大家業の創業者である祖父が亡くなりました。

大規模ではないものの土地や建物、資産を持っていた祖父が亡くなったことにより、思ってもいなかった事態が起こりました。

それまで関係が薄かった親戚や兄弟などが、各々の権利を主張しだしたのです。知識として相続については理解していたつもりでしたが、まさか自分の身の回りで「もめごと」が起こるとは思ってもいませんでした。最終的には裁判寸前までもめて、後味が悪い思いをしました。この経験から3人兄弟であった私は、相続によって絶対にもめたくないと強く思うようになり、ちょうど30歳で節目でもあったこの歳に、後に必ず訪れる財産分与の話を兄弟としたことを覚えています。

この頃から、実家の家業にも少しずつ関心が出てきたように思います。とは言っても私は東京に勤めていたので、盆と正月に実家に戻った時にしか実際に状況を見ることがありません。

不動産価値は駅から近いなどの利便性も影響しますが、一般的に建物の老朽化に伴って相場に合わせて賃料が下がっていく傾向があります。また建物の魅力が薄くなり、空き家が増えてくると、状況は一気に悪くなります。最寄駅から徒歩15分と、利便性が高いわけではないうちの物件は、例に漏れず、建ててから40年近く何もしてこなかったこともあり、賃料の引き下げに伴って、借主の生活水準も低くなっていったように思います。そこから徐々に賃料の未払いや夜逃げなども発生するようになりました。

「いつか継ぐ」という程度で、なんとなく他人事だった家業も、年々状況が悪くなる一方。かつては、どこからともなく子供の声が聞こえたのですが、空き家が目立ち、アパートを含む周辺の雰囲気は殺伐とした状況でした。

そして39歳の時、再び大阪勤務になったことをきっかけに、間近に家業を見ることになり、その収益性や管理の緩さなどを目の当たりにして「このままではまずい」と本気で思うようになりました。

「自分が住みたい」と思える賃貸住宅を作ろうと決意

家業をなんとかしないといけないとは思っていましたが、本業である緑化事業の仕事を続けていました。そんな中で、保有物件の一つである鉄筋コンクリートの物件が老朽化に伴う補強工事を行うことになりました。

単純な鉄骨による補強工事でしたが、父親に「ここはやらせてくれ」と告げ、普段からお世話になっている業者さんと打合せをしました。緑化事業を行っていた私にとって、建物は外観も重要な要素でした。単純に異物感のある鉄骨を取りつけるだけでなく、白と黒でモノトーンを基調とした物件の外観をデザインすることにしました。

出来上がったその佇まいを見て、これまでの自分の経験を活かして、建物の魅力を引き出すことができるかもしれないと思うようになりました。それまで「単なる家業」であった大家業でしたが、自分が住みたいような部屋にすることで、新たな不動産価値を生むと思い始めたのもこの頃でした。

ところが2012年、祖父が最初に建てたアパートが稼働率0%とすべて空室になりました。前述の補強工事によって「自分が住みたい部屋を作れば、必ず借り手がつく」と感じていたことから、この物件のリノベーションをすべて自分に任せてほしいと父親を説得し始めました。

現在住んでいる埼玉の自宅を、自然素材を使ってDIYし、家に愛着を持つようになった自らの経験から、賃貸住宅にもそういう要素を含めた自然素材によるリノベーションをしたいと提案しました。

しかし、これまでごく一般的な賃貸住宅を管理してきた父親は、「管理が大変、そんなことしても借り手がない」と猛反対しました。コストをかけて賃貸マンションには十分すぎる素材や設備を入れることに反対し続けられましたが、「自分が住みたい住宅を作る」ことが最善だと信じて突き進みました。

まずは収益性の面から父親を説得することを考え、これまでのお付き合いのある工事業者を含めて4社に見積もり依頼をしました。すると、不動産仲介業者を含むほとんどの工事業者からは「こんなことをしたら高くつく。そもそも駅から遠いのに改修をしても意味がない」と疑問視され続けました。

そんな中、緑化資材の販売先でもある京都府福知山市に拠点を置く道下工務店は、唯一反応が真逆でした。体に優しい自然素材を使い、賃貸住宅であっても自分らしい住み方ができる賃貸住宅を作りたいという私の説明を聞いた宮崎常務は、「できるかどうかは後で考えます。『やります』と言わせてください」と私の想いに共感してくれたのです。

そんな賃貸業界では賭けのような想いを共感してくれた道下工務店さんと組んで、新たな賃貸価値を作りたいと契約を結び、父親や親戚の反対を押し切り工事を進めました。すると不動産仲介業社のPRも手伝い、5室すべてが工事中にもかかわらず竣工を迎える前に契約でき、周囲を驚かせる結果となりました。私の中でも、この経験が大きな糧になっています。自分が住みたいと思えない住宅に、賃貸であっても住みたくない。自分らしく住みたい人は必ずわかってくれるんだと確信しました。

この物件をinno house《イノハウス》と名付け、ここから誰もまだやっていない賃貸経営をしていくきっかけとなりました。工事中であったinno houseの最後の仕上げとして、入居予定者とともに、自分の部屋の床ワックス掛けイベントを開催しました。初めて顔を合わせた入居者は、お互いに挨拶をかわし、入居予定の部屋の床を自分で磨くことで、一体感と部屋への愛着を感じてもらえたような気がします。

そして、inno houseこけら落としパーティーを行いました。もっとこんな家を作ってください、と参加者に言ってもらえたことが、会社をやめて「家業である大家業を面白くしたい」と腹をくくった瞬間です。ここから大家業としてのまちづくりへの意識が一気に高まったように思います。

「空き家、空き地」が新しいまちになっていく

入居後のinno houseの住民は、積極的に挨拶や交流をしてくれるようになりました。中でもSASI DESIGNは、もともとデザインを通じたまちづくり活動をされていたこともあり、まちづくりへの意識を共有できました。

自分たちで新しいまちを作ろう、それには交流が必要だと様々なイベントを仕掛けてくれました。中でも月1回のSASI BAR《サシバー》というイベントは、様々な職種や関係者が

集まり、まちの交流を促すのに重要なコンテンツでした。デザイン関係者や税理士、弁護士、工務店や一般企業の方など様々な方と住民が一緒になって、サロンのように情報交換をして飲んでいる。その緩やかなつながりが、空き家だったアパートに新たなコミュニティを生み出しているのを感じました。

そこで私は大家として、このコミュニティをもっと活性化させるために、inno house の前面の駐車場であった土地にDIY新築マンションkarakusa《からくさ》を作ることを考えました。

2014年の始めから、これまでコミュニティの核となっていたSASI DESIGN と一緒に、新築マンションと周辺を含めたまちづくりのコンセプトを練り、inno house の時と同じように4社に声をかけることにしました。ここでも面白いことにほとんどの会社から「こんなことできるはずない」と言われましたが、道下工務店だけが「面白いので、やらせてください」と。

そうして工事は始まりました。これまで駐車場であった場所に建物が建っていくのを、興味を持って見てくれている周辺住民にご挨拶の意味を含めて、上棟餅まき大会とマルシェを行い、その夏には工事中内覧会とまちづくりビアガーデンイベントも行いました。それらを通して周辺に住む方々に私たちのまちづくりの考え方を徐々に伝えていきました。

完成したkarakusa には、住民や周辺地域の人々の交流の場所となるカフェという位置付けで、SASI DESIGN 自らが運営する café DOOR がオープンしました。それをきっかけに、ここ以外に保有していた物件の空き部屋にもヨーロッパ輸入雑貨屋や、有機野菜の八百屋などが入居してくれました。

同じ頃に築40年の鉄筋コンクリート賃貸マンションをリノベーションし、CANVAS《キャンバス》と名付けました。これらを含めて、このエリアをinno town《イノタウン》と名付けました。弊社の保有物件が近くに位置していたこともあり、直径100mと小さい範囲ですが、エリア

玄関口となるため
DOOR と名付けた

の価値を高めるため、デザインを重要視したブランディングを始めています。

これまで空き家・空き地ばかりの寂しい地域だったこの場所が、今では地元のおしゃれな主婦や、様々な事業者が集まる新しいコミュニティを育むエリアとなりました。

私自身の仕事は、不動産を通じてまちを作ること。「こんな部屋に住みたい」と思われる部屋を作れば、それに共感してくれる人が集まるように、「こういうまちに住みたい」という想いのもとに、まちを、そして人のつながりを作っていきたいです。

大家業は、建物というハードを作って、入居者や周辺の方々とエリア価値を高めるための活動ができる「場」を整備し、管理をする仕事だと思っています。それには「こういう人と一緒にまちづくりをしたい」と思える入居者に集まってもらう必要があります。そのためにはブランドづくりが必要で、価値に共感した人の同質性が、能動的なまちづくりにつながります。

賃貸マンションやテナントなどのハードと、イベントや活動のためのソフトの整備を通じて、「自分たちの住みたいまちを作ること」。それが僕たち大家業の仕事だと思います。

街の中心に位置する DOOR

いきいきと「まち」が動き出した

完成した inno town では、café DOOR を始め様々な店舗で、敷地内をうまく使ったイベントが随時行われている。また住民がカフェの店員となったり、店舗同士がコラボレーションした企画が行われたりするなど、コミュニティが活発に活動し続けている。その様子は様々なメディアに取り上げられ、広く全国から視察が相次いでいるようだ。

経営状況も、inno house を筆頭に karakusa も入居者の退去が決まると、不動産仲介業者を通さなくてもすぐに次の入居者が決まる満室経営が続いている。

どう見ても不利な状況にあったアパートを、周りの反対を押し切り新たな価値を生むエリアに生まれ変わらせた木本は、東京や大阪などで不動産業社向けセミナーに講師として呼ばれるなど、コンサルティング業も始めることになった。

まずは自分の住みたい部屋に変えることから始まったこの試みは、建物からまちにスケールを広げていき、その想いは確実に全国へと拡がっている。

日々新たな賑わいが生まれている inno town

case 02

顧客と直接つながり販路拡大
空き家問題も解決する

松岡塗装店

兵庫県美方郡香美町香住区香住

□**課　題**　工事下請けからの脱却と、自主営業活動による受注

□**その背景**　建築不況や工務店頼みの営業による利益率低下

□**地域資源**　地域を塩害から守った塗装技術と、青年部活動などで培った地域とのつながり

□**着目点**　過疎地域（但馬など山陰地方）での空き家活用の動きと、DIY賃貸などのブーム

□**解決方法**　空き家活用や塗装ワークショップによる販路拡大と直接営業

塩害から家屋を守った塗装も、建築不況とともに経営不振に

兵庫県の最北端、日本海沿いに位置し、「香住がに」で有名な香美《かみ》町香住《かすみ》で1970年に創業した松岡塗装店。現在、代表を務める松岡大悟（以下、松岡）の父、松岡徳男が住宅などの外装塗装を主な仕事として創設した。香住地域は日本海と面しており、その潮風による塩害や、長い冬の残雪により家屋は腐食しやすかった。そこで外

壁を保護するために塗装する必要があった。

創業当時から地元工務店とともに順調に業績を伸ばし、一時は従業員4名を雇用しながら、15社を超える工務店の下請けとして、住宅の新築増築に伴う外装塗装を請け負っていた。松岡も事業を承継するために鳥取県の高専を卒業し、1995年に入社。

香住の家屋の保護を通して海沿い特有の景観を守ってきた塗装として、地元工務店とともに歩んできたが、建築バブルが過ぎ去り、2010年代に入る頃から徐々に下請けの仕事の利益率が低下し始める。塗装を必要としないサイディング工法の台頭や、建築不況による塗装予算の削減などにより利益低下の流れは止まらず、2008年頃から売上げはほとんど伸びなくなっていた。

この頃から工務店ばかりに頼っている経営は危険であると判断した松岡は、下請けではなく「自分たちから発信できる仕事」を模索するようになる。足場が不要なクレーンによる塗装や、木材に色を塗り重ねるだけではなく、洗浄してから塗装する工法など、新たな手法も試みた。

松岡は家業とは別に地元商工会青年部などに所属し、伝統の祭「香住三番叟」の保存に尽力していたほか、「香住がに」以外の地元水産業の新名物を開発するプロジェクトや、オリジナルの戦隊ヒーローによって香美町の認知度を向上するプロジェクトなども積極的に行っていた。商工会青年部では名物部長として、まちづくりを担う若手を牽引していたが、「家業は

日本海を目前に望む香住地域

家業、まちづくりは「まちづくり」として時間も労力も分けながら、それぞれ懸命に取り組んでいた。

まずは課題を明らかにする

2014年7月、私たちは地元の金融機関である但馬信用金庫（以下、但信）の紹介と香美町商工会の斡旋により、初めて松岡と会った。当時は但信による経営コンサルティングも徐々に効果が出始め、工務店下請けの仕事だけでなく、エンドユーザーから直接受注する案件も出てきていた。

効果が見えだしたエンドユーザーとのつながりを強化すべく、新たな工法を武器に新たな市場に対してどのような戦略を組むのか、またエンドユーザーからの直接受注を促すブランドイメージをどのように作るか、という相談を松岡から受けた。

3ケ月にわたる丹念なヒアリングを経て出てきた課題は2つ。「工務店下請けからの脱却とエンドユーザーへの塗装提案」、そして「松岡自身が余暇の時間を費やしていたまちづくり活動と仕事の乖離」であった。

しかし、松岡が考えているように、新たな工法を取り入れるだけで、課題が解決できるだろうか。確かに新たな工法を提案することで、これまでアプローチできていなかった客先に営業をかけられるかもしれない。しかし、この工法は他社の開発した工法であり、似たような工法で施工できるライバルが出現すれば、利益率を削る価格

松岡塗装店が手がけた外壁

競争に巻き込まれてしまう可能性がある。

塗装業と地域活動が重なり合う部分を見つける

重要なことは、これまで松岡塗装店として積み重ねてきた実績である。しかし、積み重ねてきたことは、なかなか本人だけでは見つけづらいことが多い。なぜ塗装がこの地域に必要だったのか？　この塗料はどのように使うのか？　塗装を通じて何を実現したいのか？　など、普段自分では考えないようなことをヒアリングしていくことで、松岡塗装店として積み重ねてきたことや、松岡自身が大切にしたいことなどが徐々に見えてきた。

解決のヒントになったのは、これまで培ってきた「様々な外装の色に合わせて調色する技術」と、松岡が余暇を費やしてきたまちづくり活動の中で行っていた「空き家を利用した塗装ワークショップ」であった。塩害などによる腐食予防のために外壁保護として施されてきた塗装であるが、メンテナンスなどの場合に、黄色や白、赤などの塗料を混ぜてぴったりと元の色に合わせる技術はまさに熟練であった。その技術を既存の外装だけでなく、内装や店舗塗装などにも活かせないかと考えた。そして、廃校や空き家になってしまった場所に地元の子供らを集めて行っていた塗装ワークショップ。ネガティブなイメージの場所でも、明るい色に塗り替えると、見違えるほどの空間に生まれ変わる。塗装だけでイメージが変わるので低予算で実現できることも魅力だ。

中山間部では都市部への人口流出が続き、世帯数減などによる空き家が深刻な問題となっている。香住を含む但馬地域も例外ではなかった。戸建だけでなくマンションの空室率も増加する中、低予算で空間やコミュニケーションをガラリと変える手法として塗装を提案することにした。

塗装業をクリエイティブに

そこで新たに塗装サービスブランドとして「HUE《ヒュー》」を立ち上げ、ロゴやウェブサイト、パンフレットやショールームだけでなく、ユニフォームの提案も行った。一般的に塗装屋と言うと、ペンキの飛び散った作業着を着た職人のイメージが強い。内装のカラー提案も行うクリエイティブなイメージをつける必要があった。

HUEとは色彩のこと。これまで培ってきた調色などの塗装技術を活かしながら、空き家などの使われていない空間に彩りを与えてまちを元気にするブランドである。香住はもともと但馬、北近畿を中心とした過疎地域に、塗装によって元気な彩りを加えて、日本を塗り替えるブランドを立ち上げようと提案した。塗装業とまちづくりが一体化するかどうか半信半疑だった松岡も興味を示し、取り組んでみることになった。

しかし「空室を塗り替えて、新たな空間を提案します」と標榜しても、実績がない中ではリアリティがない。そこで兵庫県宝塚市で進行中の賃貸住宅を軸にしたまちづくりプロジェクトinno town《イノタウン》（81ページ参照）に参画することを提案した。

前述の通り、これは入居者自身が壁面を塗り替えたり、棚を作ったりするDIY賃貸をメインに、カフェや共有部などでイベントを開催することで入居者や地域

新たに立ち上げた塗装サービスブランド HUE

住民などのコミュニティを創出するプロジェクトである。直径100mほどの小さなまちづくりプロジェクトに松岡も塗装DIY担当として、初期計画段階から参画してもらった。

inno townの中心に計画した新築DIY賃貸マンションkarakusa《からくさ》の上棟式では、従来から松岡が行っていた塗装ワークショップを開催した。キャンバスに、入居予定者や近隣住民などの関係者が、思い思いに理想のまちの形を描くことで、これからできる小さなまちに少しでも参加してもらうきっかけを作った。

現在でも、新たな入居者が入居前に自分の部屋を好きな色に塗り替えるワークショップを行っているが、これは松岡自身がオーナーだけでなく入居者たちとつながるきっかけとなっている。入居者が塗装を楽しみ、空間を自分のものにしてゆく過程を見た彼は、「塗装技術はコミュニケーションツールだ」と発言するようになった。

その頃から鳥取市を舞台として㈱リノベリングが開催しているリノベーションで空き家を価値付けるスクール型イベント「リノベーションスクール」に参加し、塗装によるリノベーションを行うようになった。住宅の内装提案だけでなく、地元の廃業した診療所を学習塾にリノベーションしたり、鳥取の空き家をゲストハウスに変えたりするプロジェクトにも関わっている。工務店の下請け仕事は徐々に減らし、現在では塗装によるリノベーション、商業施設などのアンティーク塗装、手書きペイントサインなどで活躍の場を増やしている。

inno town での塗装ワークショップ

Interview

松岡塗装店代表
松岡大悟

実家を継いだのは「逃げ道」だった

日本海を間近に望む香美町香住で、父は主に工務店などから外壁塗装などを請負う塗装業を営んでいました。私は長男として当たり前のように家業を継ぐものだとして育てられてきました。

時代はバブル期真っ只中、地元である香住を、中学卒業を機に離れて隣の鳥取県米子市の高専に入学し、寮に入りました。当時は実家の塗装業も景気が良く、4名の従業員を雇っていました。とは言っても、みんな気分のムラで、来る日もあれば来ない日もあって、4名揃うことは稀でした。夏休みなどの長期休暇に実家の塗装業を手伝っていた私から見ても、こんな仕事への取り組み方では信用を失うのではないか？という危機感を持つほどでした。

私本人は訳あって、高校2年生で留年しました。時代はバブルが弾けた直後で、楽に就職できた時代が終わり、就職が厳しくなってきた時代でした。クラスのお荷物でもあった私は、就職課からの無言の圧力もあり、実家の塗装業を継げば、苦労をかけた親も喜んでくれるかな？という軽い気持ちで家業を継ぐことを決めたように思います。

探そうと思えば、大阪や神戸に出て違う職業を選ぶこともできたのでしょうが、そこまでの勇気はありませんでした。今から思うと、長男である自分が家業をなんとかしないといけないという想いと同時に、社会から逃げたというか、一番身近で楽な「逃げ道」として実家の家業を継いだようにも思います。

売上げも家業への意識も下がる一方

家業を継ぐために21歳で地元に戻りました。自分が継ぐということに期待感を抱きつつも、先輩社員のいる仕事場や仕事内容に馴染めず、毎日仕事に行くのが億劫になっていました。

「何もわかっていないくせに」といびられること、理不尽な工務店からの要求などもあり、完全に仕事への意欲を失っていました。朝が来ると早く夜にならないかと考えているような、良くない精神状態でした。

当然、親父とも意見がぶつかりました。工期優先で「雨でも外壁を塗れ」と指示をする工務店に対して、後でクレームが来るとわかっているのに指示に従って塗ってしまう。「それはお客さんのためにならない」と言っても、聞く耳を持たず「とにかく工務店についてけばええ」と、お互いの仕事への溝は埋まらず、仕事自身に嫌気が差していました。そんな「仕事が嫌」という時期が10年ほど続きました。

その頃は、最盛期は過ぎていたとはいえ、まだ仕事がありました。しかし私が30歳を迎えた2000年代に入ると、建築業に本格的な不景気の煽りがやってきました。頼りにしていた工務店は軒並み下請けの受注金額を叩き始め、仕事量とともに利益率もどんどん悪くなる一方でした。

そんな中でも親父は「工務店についていけばいい」の一点張り。口を開けば儲からないと言うくらい業績は苦しくなるのに、仕事場でトラブルを起こして出勤して来ない社員に対しても、これまでのようにまた仕事場に戻そうとする。

「このままでは、本当にダメになる。仕事も利益も減っているのに、そんな意識の低い従業員を残してはダメだ」と親を説得し始めました。とにかく工務店に頼らずに自分たちでできることを探そうともがき始めました。

嫌だった塗装業を継ぐと決意したこと

塗装業というのは、正直「下の下」の職業というか、とても後を継ぎたいものではないと思っていました。汚いとかきつそうとか、誰もやりたがらない仕事のように思えて、当時はよく「可能性」のない職業だと周りに愚痴っていました。そんな中で、なぜ塗装業を続けようと思ったかとよく聞かれますが、それはいくつものきっかけが重なったためです。ちょうど35歳の頃でした。

一つはしっかりと決算書を見るきっかけができたこと

です。地元の信用金庫にご指導を願い、決算書の読み方を勉強して自社の数字を理解するようにしました。会社を客観的に見ることで、感覚的ではなく本当に危険であることが理解できました。

もう一つは、子供が中学に入ったことです。あと6年で大学生になると思うと、身が引き締まる想いでした。

さらなるきっかけは、地元商工会青年部で、リーダーとして様々なまちづくりプロジェクトを推進したことです。香住という小さな町で、まちづくり活動をしていると、かつては賑やかだった商店街も後継ぎがいなくなり、どんどん商店が減っていくのを身近な問題として意識することになりました。

商売をやっていても、息子が安定した仕事に就いたと笑顔で店を畳んでいく人も多かったのです。それを見ていて、「父親のやってきたことを継ぐこと」「家業の塗装業でお金を儲けること」「親としてかっこよくあること」を意識するようになりました。従来の汚くて儲からない塗装業に対するイメージを逆転したいと強く思うようになったのです。

「まちづくり活動」と「塗装業」のまさかの融合

塗装業で頑張りたい！　と新たな工法や技術に可能性を探り、また、まちを良くしたい！　と青年部活動を活発化させている最中にSASI DESIGNの近藤さんと出会い、塗装業に関する自分なりのイメージや、まちに対する危機意識など、時間をかけて、じっくり話し合いました。

何ヶ月かのヒアリングのあと、提案してもらったのは、内装塗装やサインペイントなど、これまであまり力を入れていなかった塗装分野でした。塗装と言えば外装だと思っていた私にとっては、白い内壁を黄色に塗るとか、青に塗るなんて考えてもおらず、そのことをマンションの空室対策や、空き家の再生などに利用しようという内容はとても新鮮でした。

この提案を受けて、単純に面白そう、かっこええと思いました。さらに、SASI DEGINが関わっている賃貸マンションによるまちづくりプロジェクトに参加させてもらうこととなりました（81ページ参照）。そこでは住民たちが思い思いに部屋を楽しむために、塗装の提案を初期の計画段階から行いました。塗装や内装の提案で、単に住むという行為を暮らしを楽しむ行為に変えることができ、さらには住民参加のコミュニティを作り上げることができるという、新たな可能性を実感しました。

当時は「塗装業は塗装業」「まちづくり活動はまちづくり活動」と分けて考えていたのですが、塗装をすることで暮らしに彩りが生まれ、一緒に塗るワークショップ体験から、コミュニティが生まれる場を作れると気づかされる大きな経験となりました。

今では、各地で開催されている空き家対策を考える「リノベーションスクール」や岡山県の森林を活用したまちづくりを行っている「森の学校」などへ交流がつながり、塗装技術によって、空き家対策としてのリノベーションや、人と人を塗装でつなぐワークショップなど、様々な分野の仕事に結びついています。

塗装業としても順調に売上げが推移し、新たな従業員も雇用できました。これまで父親が地域に貢献してきた塗装業と、私自身が必死に取り組んできたまちづくり活動がここまで融合するのかと、自分でも驚いています。

「塗装業」を父親から継ぐ時に、親父がやってきたことをそのまま継ぐのは違うと考えました。だからこそ、自分ができる新しい塗装業のあり方を見つけたかったのかもしれません。

自分らしい塗装業を営むこと、それが「家業を継ぐ」ということなのだと思っています。

下請けを脱却し、塗装リノベーションでまちづくり

一時は工務店の下請け仕事が15社ほどあったが、２０１６年には2、3社に減った。しかし、香住の町内外問わず、エンドユーザーから直接、塗装メンテナンスを受注する件数が増加している。家屋や社屋の塗装だけでなく、塗装に関わる些細なことまで相談を受ける存在となった。

また手描きサインやアンティーク調の工夫を凝らした塗装なども取り入れ、外部看板やアンティーク家具の修復なども手がけている。また地域課題の一つでもある空き家を塗装によって新たな空間に作り上げ、コミュニティを創出する場にするという、塗装を軸とした空き家リノベーションも徐々に進めている。

２０１０年頃に底を打った売上げも徐々に回復し、塗装技術や地域ネットワークを活かして、建築不況などの外部環境に振り回されない安定した経営状況を築き始めている。

新たにＵターンした若手社員を雇い入れ、地元の雇用も創出している。さらにはまちづくりＮＰＯ法人ＴＵＫＵＬＵを立ち上げ、シビックプライド（地域の誇り）を創出することをテーマに役場と連携し空き家バンクを創立し、空き家のリノベーションを通して新たなコミュニティの場を作り上げていく活動を続けている。

空き家を塗装でリノベーション。手描きサインの様子

case 03

木材の地産地消で山を守り地元の経済を潤す

㈱栄建
兵庫県丹波市柏原町

- □**課　題**　輸入木材増加による、地元材の需要減
- □**その背景**　地元材を使用することの価値の不伝達
- □**地域資源**　丹波地域に広がる山林、林業・製材・建築のネットワーク
- □**着目点**　地元材を使うことの消費者の機能的価値と情緒的価値
- □**解決方法**　地産地消よりも、「大切なひとを守る家」という価値を伝える

「山を守る」地元の優良企業　㈱木栄からの独立

兵庫県丹波市柏原《かいばら》に本社を置く㈱栄建。同じく丹波市青垣町にある林業から柱や梁などの木材製品販売まで一貫生産する製材所である㈱木栄から2008年に独立し、足立龍男（以下、足立）が設立した。

㈱栄建の前身である住宅部があった㈱木栄は、1968年に間伐により排出される丸太や小径木などを加工、販売する足立製材所として創業した。その後、木材価格の安定を図るために間伐だけでなく、山を育てる計画的伐採から製材、販売までを行うスタイルとなった。

高度経済成長期に需要を見込まれて植樹された針葉樹は、間伐を繰り返し、手を入れ続けることで成長し、木

造住宅などに使われる材木となる。しかし、安価な外材が輸入され、工程を効率化し低コスト化できる2×4工法が普及するなどしたため、地元の山から木材を切り出し、在来工法で自宅を建てるケースが激減した。

せっかく植えられた木も、使われないともやしのようにやせ細ってしまう。それだけでなく、大地にしっかりと根を張ることができず、降水量が増えて地盤に水分が多くなると、山崩れを引き起こす危険性を増す。これは丹波だけでなく、森林率69%にも及ぶ日本全体の問題でもある。

業界自体が厳しい状況の中、㈱木栄はJAS認定工場として、丹波・但馬・丹後エリアの山林の管理、製材、加工、建築設計、施工、管理、土地分譲までを一貫して行い業績を伸ばしていき、地元では従業員数も50名近く、影響力のある会社として存在していた。その跡取りとして育てられた足立は、建築専門学校、建築事務所などを経て、2000年に㈱木栄に入社する。建築部に所属し、その後会社全体の業務を管轄する立場となったが、一度自分自身の力がどこまで通用するか知りたくなり、建築部を独立させる形で、㈱栄建を立ち上げることになった。

伐採から製材、販売まで一貫して行う㈱木栄

丹波の強い家づくり、実際に起こった大災害

私が初めて足立と会ったのは2014年の初夏だった。地元である丹波市商工会の斡旋で人材が足りないので、

募集チラシの作成などについてアドバイスが欲しいというものであった。人材募集の話がスタートではあったが、足立と話を進める中で、会社のブランドの見直しに発展していった。

当時、㈱栄建は「地元丹波材で建てる家」「地産地消」を前面にＰＲし、ウェブサイトやパンフレットはもちろん、営業の際にも「地元の丹波材であること」を一番の強みであると伝えていた。

丹波は黒豆や小豆、松茸など山の幸は豊かであり、全国的に優良な作物の育つ場所であることは認知されているが、その豊かな土壌で育った木材も同様に質の良い木であるそうだ。地元で採れた木を使い、地元で使っていくことで山を育てていくことが重要であると考えて住宅に丹波材を使っている。しかし、「丹波材を使おう！」「地産地消の家づくり」と訴えてどれだけニーズがあるだろうか？　と投げかけた。

実際に新築やリフォームを進めるといった場合、使われる木材よりも、外観やインテリアにこだわる人の方が一般的だ。確かに地元の木材を使用し、生態系を含めた豊かで災害に強い里山づくりは非常に大切だが、それを一番のＰＲポイントにしてもあまり響かないのではないか？　と指摘した。

当時、消費税引上げ直後ということもあり、建売住宅に比べて価格が高い注文住宅は、前年比の30％ダウンと厳しい状態にあった。その中で「地産地消」ということだけで戦っていけるのか？　という検討を繰り返した。

当時の民間による「住まいの買いどき感」調査では、住宅購入理由の第1位に「子供や家族のため」という回答が挙がっていた。また、住宅購入の際に検討する条件の優先順位において、「価格」の次に「耐震性能」が来ることがわかった。こうしたデータを足立や社員と共有すると、地元材の思わぬメリットが浮き彫りになってきた。それは「その土地で育った木で建てることで、強い耐久性を保つ家になる」ということであった。

外材の輸入元の地域と丹波では、雨量も違えば気温も湿度も違う。強度があり、乾燥させた外材であっても、目の前すら見えなくなるほどの霧が発生する丹波の気候で、何十年と強度を保ち続けることは期待しづらい。そこで、「耐久性」を前面に置くのが得策ではないかと考えた。

ところが、そのようなことを検討している最中、2014年8月16日に豪雨による山崩れと大洪水が丹波を襲った。住宅はおろか鉄筋造の橋まで流されてしまう大災害で死者も出た。

私はすぐに足立に連絡し、被災地に向かった。当時、災害対策の最前線を担う商工会青年部の部長でもあった足立に現地を案内してもらい驚いた。これまで見たことのないような、瓦礫と土砂が高く積み上がった風景がそこに広がっていた。私の知っている丹波ではなかった。だが、最も被害が大きかった地域の川のほとり、ほとんどの住宅が流されて跡形もなくなっている中、一軒残っていた住宅があった。それは㈱栄建の住宅であった。

㈱栄建が伝えないといけない「コンセプト」

そこに一つの家が残っている事実を見て、このことをしっかりと伝えなければならないと感じた。足立も「丹波材は強いと考えていましたが、偶然が重なったにせよ、それを目の当たりにしたのは初めてです」と話していたことが忘

丹波を襲った大災害の様子

地元の気候風土に馴染んだ丹波の木材は高い耐久性を誇る

れられない。

これまでの検討と、いつ起こるかわからない災害のことも考え、コンセプトを「大切なひとを守る家」とした。林業から木材を一貫生産する製材所である㈱木栄とも太いパイプのある㈱栄建であるからこそ、優良で土地に馴染む丹波材をふんだんに使用することによる強固な構造を備えた、大切な家族を守るための住宅を提案することができる。

また、これまでインテリアに使用する内装材にも丹波材を使用していることをPRしていたが、逆にインテリアはモダンテイストやカントリーテイストなど自由に選べる柔軟性を持たせた。単なる見た目や間取りだけの家づくりではなく、家族を守れる強固な構造であるからこそ、安心して生活を楽しめる家であるとPRするためだ。

様々な地理的要因もありながら、結果として一つの家族を守りきった㈱栄建の家。これからも大切な人を守り続ける家づくりをしながらも、丹波材の使用によって、山を育て、大災害の起こりにくい丹波を作っていこうとみんなで誓い合った。

大切な人を守るための家づくり

外壁にも丹波材をふんだんに使用

Interview

㈱栄建代表取締役
足立龍男

敷かれたレールに乗りたくない小さな抵抗

兵庫県氷上郡（現・丹波市）青垣町という、山深い小さな町にある製材所、㈱木栄の息子として生まれました。父親からは家業を継がなくてもいいと言われていましたが、小さな町では比較的大きな会社で従業員もたくさんいたので、地域の人や親族などから「継ぐもの」として扱われていたように思います。

地域の人ならそこそこに知られているような会社だったので、怒られるかもしれませんが、何かトラブルというか問題があっても、父に頼ればなんとかしてくれるという甘えもありました。しかしその反面、「お坊ちゃんだ」とか「どうせお金持っているから」などのやっかみを受けて嫌な思いをした記憶もあります。その影響なのか、世間の思っている㈱木栄のレールにそのまま乗りたくないと思っていたのか、林業ではなく建築の道に進みたいと思うようになりました。

会社では山林を伐採して製材をしていましたが、母がその材料を使った建築部の業務を見ており、私には比較的自由に見えていました。今思えば、敷かれたレールに乗りたくないが、会社からは外れないギリギリの選択をするという小さな反抗だったのかもしれません。

1995年に丹波から大阪に出て、建築専門学校に入るのですが、少し遊びすぎて留年してしまいました。その留年中に大阪の建築ゼネコンの孫請けのような設計事務所にアルバイトで入りました。図面を描く毎日で、アルバイト先とアパートを往復する日々でした。そんな中で、「都会はもういい、どこにいても一緒だから地元に帰ろう」と思い始め、卒業と同時に丹波に帰ってきました。

戻って気づいた後継ぎと創業者の違い

丹波市に戻ると、設計を勉強していたこともあり、父の勧めもあって市内の設計事務所に就職しました。いざ入ってみると帰るのは早くて夜中の12時、休みはほとんどない過酷な環境でした。それでも好きな建築ができればよかったのですが、業務は誰かが描いた図面を確認申請用に直して、申請を通すという業務ばかり。先輩社員を見ていてもそういった仕事が多く、私はお客様と直接話せる仕事がしたいという想いが強まりました。そして、設計事務所を退職したのち、結婚を機に23歳の時に親の会社である㈱木栄に入社しました。

入社時が2000年ですので、もうバブルは弾けていましたが、公共工事や建築、不動産事業もありましたので、会社の売上げは今より多かったと思います。建築部に配属された私は、お坊ちゃんと思われたくないという気持ちと、誰にも負けたくないという気持ちから、必死に営業を勉強し成績を上げ続けました。当時、何年も営業成績は1位でした。

ちょうどその頃、所属していた地元商工会青年部のセミナーがあり、先輩経営者の話を聞く機会がありました。地元で小売店を経営されている方が、息子が戻り営業をする中で、「自分の売上げを伸ばしていくだけでなく、周りの営業マンの売上げを伸ばす意識を持ち始め、会社全体を見渡すことができるようになったことから、息子に経営を任せてみようと思った」と話されているのを聞いて、私自身も家業を継ぐということに意識がシフトしていきました。

商工会青年部の当時の部員には、後継ぎもいますが創業者が多くいました。同じ経営者でも後継ぎと創業者では全く違った印象でした。青年部では様々な例会やイベントなどの行事ごと、それを進めるための役員などを務めますが、創業者の先輩たちは人を引っ張っていくパワーがあるというか、判断力、行動力、お金の使い方まで豪快で、自分とは全然違ったように当時の私には見えました。

私は地元では多少は名の知れた会社の後継ぎであったことから「どうせあいつは……」と言われたくないという想いが当時は強かったと思います。このまま受け身で進んでいくのはダメだと思い、27歳の時に当時社長であった父親に「会社を継がせてくれ」と申し入れました。それまで会社を継げと言わなかった父親も、快く受け入れてくれ、それを機に建築部の営業マンとして働きつつ、会社の主たる事業である製材や不動産部門の業務も管轄することになりました。

何も言わなくても木材が売れていた時代から、外材がどんどんシェアを占めていく中で、売上げも落ちていました。一念発起して飛び込んではみたものの、私はまだ20代、その当時の役員や従業員は40〜50代でずっと林業に取り組んできた人ばかり。なんとか業績を上げるためにも、計画的な営業が必要だと叱咤しても聞く耳を持たない。論理的に丁寧に説明しても動いてくれず、相当もがき苦しみました。自分自身の器が小さいのか、人を動かす力が足りないのか、一生懸命やっているのに創業者として働く人たちとどこが違うのかと日々悩んでいました。

飛び出して、工務店の創業者になる

父親に会社を継がせてくれと申し入れたものの、自分の思うように進まない日々が過ぎる中、どうせ後継ぎだからという目線を払拭したい想いがある一方で、父親の会社の従業員が思うように動いてくれない自分自身に苛立ちが募り、いっそのこと自分が創業者になってみようか」と思い始めました。

30歳になった私は、ずっと「お客様と直接話したい」という想いもあったことから、当時、建築部の部長であった足立芳彦を専務に誘い、地元である丹波市に工務店を起業しました。㈱木栄の建築部ということで「㈱栄建」と名付けた会社をスタートさせましたが、㈱木栄とは離れた市の中心部に本社を構えて創業しました。

後を継ぐと決意してから、役員や従業員に対しても指導し、経営計画を考えるなどイメージトレーニングを重ねてきたつもりでしたが、自分で事業を行う実践とは全くの別物でした。

地元ではある程度知られていた㈱木栄の建築部から転じて㈱栄建という名前を付けたことも功を奏して、最初の1、2年は順調に売上げを伸ばしました。自分でやってみるとこんなにできると少し調子に乗っていたかもしれません。

しかし、経営するということは甘くありませんでした。

これまでは、自分で創業しながらも「木栄の……」と言えば信頼して住宅を建ててくれていた方も多かったのですが、次第に大手メーカーや低コスト住宅、地元の工務店などに仕事を奪われるようになり、非常に苦しい時期を迎えることになりました。これまで地元の山を守っている㈱木栄の住宅と、そこから独立して違う会社になった強みをセールスしていたのですが、それだけでは自社の価値を伝えることができませんでした。

30代中頃から、もう一度勉強し直そうと、青年会議所にも入って役を務め、経営勉強会などにも参加して経営の勉強を重ねました。その後、地元商工会青年部では150人を束ねる部長職にも就任しました。

そんななか、2014年8月16日に地元丹波市を大洪水が襲いました。連日続く大雨の影響で川が氾濫し橋が流され、大雨に耐えられなくなった山が広範囲にわたって土砂崩れを起こして、住宅地を一気に被災地に変えてしまいました。ただでさえ会社に時間を割かないといけない時期に、経営の勉強に加え、地元で様々な役をやっていた私は、復興支援に奔走することになり、会社のために割く時間が少なくなりました。

地元を襲った大災害から、やるべきことを考え始める

自社の数字が落ち込み、お客様に自社の価値を伝えられない中で、復興支援に時間を取られる、非常に苦しい時期でした。しかし、これが会社を変える一つの契機になったように思います。

時間がないのなら、私がいなくても回る会社を作らないといけないと考え始めました。私が一つ一つ指示を出さなくても、スタッフが自分で考えて走れる会社。それを目指すのが大切であると考えだし、それにはまず自社のアイデンティティは何かということを突き止める必要がありました。

「地元で育った木材こそ、その土地に一番適した材料であり、災害にも耐える強い家になるのではないか」

先の災害による甚大な被害の中、弊社の建てた一軒がその土砂に耐えて無事に残っていた経験から、これまで当たり前と思っていたことを自社の強みであると改めて認識するようになりました。そこから「木栄の……地元

材の……」というセールスから、地元で育った木で作るからこその「大切なひとを守る家」という方針が固まったのです。

自社の価値を考えるのに、SASI DESIGNの近藤さんという第三者の目を入れることで一番変わったのは、専務であり妻でした。今では、私たちが当たり前に思っていた価値を素直に受け入れて自社の価値を出そうとしてくれています。これまでは「設計力が売りです」と言っていたスタッフも、「土地に馴染んで育った強い木材を使うことで大切な人を守る」とアピールして営業をかけてくれるようになり、なすべきことの一体感が生まれてきたように思います。

私は、従業員に誇りを持ってもらえる会社を作りたいと考えています。ただ単に自利のために、安い外材や合板を使用して住宅を建てるのではなく、あの大洪水にも耐えて家族を守ったような家づくりを地元材で建設し、そして地元材を使うことが、災害の起こりにくい山を育てる、そんな会社に勤めているんだという誇りを持ってほしいのです。利他の精神を持つことで、地元で頑張って働く心の拠り所にもなると思っています。

いずれはその価値が地元の他の工務店にも伝わり、みんなで地元の山を再生したいと思います。山が元気になり、アマゴが泳いでいる川で魚獲りをしている子供の時の思い出を、自分たちの未来にも残したい。そのためにも地元の山を、そして家族を守れる住宅づくりを進めていきたいです。

㈱栄建社員、チームメンバーの職人一丸となってのイベント

大切な人を守る家EIKENの新ロゴ

雇用創出、そして林業へも進出

アイデンティティでもある「大切な人を守り、山を守る企業」である㈱栄建は、まだ数字の上で大きな飛躍はできていないまでも、着実にその存在感を示しつつある。

２０１６、２０１７年には都市部で建築を学んだUターン社員を新たに２名雇用した。地域の小物作家の作品を販売、ワークショップを開催する「ＥＩＫＥＮマルシェ」を定期開催したり、「構造がしっかりしているからこそ家を遊びつくそう！」とＤＩＹを促進するショップをショールーム内に新たに開設したりしている。また、山での伐採から、木材加工、建築現場にまで足を運べる一般消費者向けの社会見学ツアーなど、積極的に戦略を打ち出している。

また足立は、㈱木栄の林業事業部を分社化し、山林にしっかりと手を入れていくことで循環型社会を作ることを目指した。「森のわ」という会社を新たに設立。果樹園やツリーハウス利用など、間伐後の山林経営まで提案できる会社を目指している。

目の前に山ばかりが広がり、何もないと言うのではなく、それを宝の山と捉えて、豊かな原風景とともに、新たな価値観を果敢に作り出そうとしている足立の姿が頼もしい。これからの新たな里山を作ってくれるものと信じている。

MORI NOWA
Wood design company

林業の新会社「森のわ」

地元の山林を豊かにするための新たな挑戦

DIY の店開設と、手作りマルシェの開催

case 04

島の食文化を都心と次世代に伝える食品メーカー

㈲井上商店
兵庫県南あわじ市

□**課　題**　大手食品メーカーの島内流入による経営悪化
□**その背景**　明石海峡大橋開通などの流通向上による競争激化
□**地域資源**　淡路島の山や海の良質素材
□**着目点**　資源の捉え方と有用な素材の組合せ
□**解決方法**　御食国淡路島の良質な素材を活かした新たな食品ブランド立ち上げ

淡路島の老舗食品メーカーとしての繁栄と衰退

淡路島の南部に位置する兵庫県南あわじ市に本社と食品工場を持つ㈲井上商店。淡路島と言えば玉ねぎや淡路牛などが特産品であるが、穏やかな気候から生まれる農作物、周りに広がる厳しい海況から育まれる類い稀な海産物など、資源に富んだ地域である。古代から平安時代まで、皇室・朝廷に豊かな水産物を中心とした御食料《みけりょう》を献上し続けたことから御食国《みけつくに》と呼ばれていたこともある。

その淡路島で１９０１年に井上長平が創業したのが㈲井上商店だ。商才があり、努力家であった長平は裸一貫に近いような形で創業したものの、うどん飲食店や食品販売、また農業などをしながら財を成した。飲食だけでなく食品の卸業なども順調に伸ばし、当時の廣田村の中心を通る国道の両角地を取得したことより、名前の1文字を加え「カド長」という屋号を掲げるほどとなった。

さらに2代目の武男は、新規事業を模索する中で、当時から食品加工や保存の現場で使用されていた大型冷蔵庫を利用し、アイスキャンデーの製造販売を始める。さらには冷凍麺に着眼し、当時はなかった冷凍即席ラーメンを開発し、阪神地区において爆発的ヒットを生んだ。

しかし、大手メーカーの即席麺が普及した途端、ピタリと売れなくなった。そこで初代から取り組んでいた新たな商品づくりとして淡路島の特産物を利用した麺を作ろうと、鳴門わかめを練り込んだ麺の開発に本格的に取り組むこととなった。

その後を継いだ3代目の守弘は卸販売を飛躍的に発展させ、現在の㈲井上商店の礎を築いた。

現社長である4代目の井上賀夫（以下、井上）が会社に戻ったのは1983年。東京の大学で冷凍技術などを学び、冷凍加工食品の

創業当時のカド長暖簾

㈲井上商店、昭和中頃の様子

会社を経て淡路島に戻ってきた。当時、淡路島から本州へはフェリーで往来するしかなく、四国との連絡橋である鳴門大橋も架かっていなかったため、大手食品メーカーが進出しづらかった。それでも瀬戸内海最大の島である淡路島には20万人近い人口があり、その需要を満たすことで㈲井上商店は発展してきた。1985年に鳴門大橋が開通すると、バブル景気も後押しし、徳島方面への食品卸も伸び続け、業績は右肩上がりとなった。

しかし、バブルも弾けた1998年、本州との連絡橋である明石海峡大橋が開通して一気に業績に影響が出てきた。神戸から1時間以内でアクセスできるようになり、物流が大きく変わり始めた。㈲井上商店が卸していた飲食店や小売店にも、大手メーカーの食品が並び始め、それまで一軒もなかったコンビニや大手量販店などが淡路島に進出してきた。圧倒的な品揃えと利便性から、これまで付き合いのあった小売店の廃業が相次いだ。言うまでもなく、㈲井上商店の売上げも徐々に減少していった。

㈲井上商店のポテンシャルの高さと価値の不伝達

そんな中、真面目で研究熱心な井上は2代目・武男から開発し続けてきた「わかめ麺」の実現に向けて、試行錯誤を重ね続けた。そしてついに、わかめをペースト状にして小麦粉に練り込む独自の技術を開発し、色鮮やかで風味が良く、他の麺と全く異なる食感のわかめ麺を完成させた。先々代から数えて実に60年越しの悲願だ。

2015年10月、南あわじ市商工会の斡旋により私は㈲井上商店を初めて訪れた。当時の依頼は、すでに完成していた「わかめ麺」を買いに訪れるお客様から会社がわかりにくいという声が多数あったことから、目に留まりやすい看板のデザインをするというものであった。

わかめ麺はその美味しさから、関西のメディアに少しずつ露出し始め、評判を聞きつけた人が直接会社まで買いに来ることがあるようだ。私も賞味したところ、一口で豊かなわかめの香りを感じ、もちもちとした食感の虜になった。

打合せを重ねるたびに、井上を始め、妻・正子や娘・ちか、営業部の島田が抱く商品に対する熱意と淡路島に対する誇りに胸を打たれ、㈲井上商店の価値を引き出すお手伝いをさせてほしいと私から願い出た。その想いを快く受け止めてくれた井上は、これまでの㈲井上商店や淡路島を取り巻く歴史、本州との連絡橋が架かった後の事業者の減少や危機感から「これからは、全国で入賞するくらいのユニークな商品を作らないと生き残れない」と語った。

㈲井上商店に入社するまで大阪中央卸売市場で働いていた営業部の島田は、「世間では6次産業化と言うけど、実際のところ1次産業にお金はちゃんと落ちてない。俺らはちゃんとお金が回るような商品を作りたい」と力強く話してくれた。

話を聞いて驚いたことは、淡路島の土産として並んでいるほとんどの商品が、淡路島で作られていないということだ。海にも陸にも恵まれた資源がありながら、島内の事業者が淡路島を訪れる観光客や島外に向けて販売する商品を島内で作らないというのは非常にもったいないことである。

そんな状況において㈲井上商店は、淡路島の食材を島内で加工した正真正銘の

もちもち食感とわかめの香りのわかめ麺

60年かけてたどり着いた独自製法

淡路島産商品を販売する珍しい事業者であった。私が南あわじ市商工会を通じてヒアリングを開始した当時は、冷凍のわかめ麺を始めたばかりであったが、その驚くべきわかめの香りと、伸びにくくもちもちした食感が受け、百貨店での催事販売や通信販売を始めていた。また、淡路島でのびのびと育てられる牛から搾った牛乳を使った「淡路島の恵」というアイスを開発中だった。このアイスは非常に濃厚で人気が出そうであった。

さらにヒアリングを重ねていくと、淡路島近海で獲れる鱧を使ったおつまみや、エビなどの海産物の加工品など、次々と面白いアイデアを実現したいという熱意があった。うどんやアイスから始まった㈲井上商店ではあるが、これまで島内の様々な食品需要に応え続け、食肉や魚の加工など10種類以上の免許を保有しているからできる可能性もあった。

わかめ麺や開発中のアイスのクオリティも非常に高く、さらに次々と商品が開発できそうだったが、商品の魅力の打ち出し方が弱いのが課題だった。自社のＥＣサイト（インターネット上で商品・サービスの売買ができるウェブサイト）で販売を始めていたが、「わかめ屋」という屋号であり、今後販売していくアイスやその他の食品には不向きであった。またサイトのデザインも訴求性が弱く、伸び悩んでいる状況であった。

まずは、淡路島の恵まれた食材を活かしている商品であること、井上の想いである「全国大会で入賞する」という意志、また島田の言う「１次産業にお金の回る商品」を実現するためのブランドであるということを、わかりやすくまとめる必要があった。

我々は何を作っているか、を考える

最初に始めたのは現在製造している商品の整理だ。㈲井上商店は島内の食品需要に応えて、外国産の小麦を使用した通常のうどんや、そば、ラーメン、わかめ麺、わかめうどん、わかめそば、米粉麺、さらにはアイスクリームまで扱っていて、家庭用に販売しているものもあれば、業務用として卸しているものまで多様だった。

これまでの島内需要から生まれてきた商品、これから全国的に販売していきたい商品、土産物売場で販売している商品が混在している中では、せっかくのクオリティの高さをアピールできない。

中小企業にとって大切なことは「いかに特徴を研ぎ澄ますか」である。「淡路島で麺とアイスクリームを製造しているメーカー」という説明では全くピンとこない。ヒアリングを重ね、井上の「今後は全国で」、島田の「本当の6次産業へ」という想いを確認し、淡路島を代表する食品ブランドを作ろうと話し合った。

そうして打ち出したのが「淡路島を食べよう」というコンセプトだ。

かつて御食国と呼ばれたほど、全国的にも食材の産地である淡路島の食材を凝縮した商品を作る。それも単なる1

厳選した淡路島の素材を活かした商品

次産品ではなく、淡路島の食材と技術開発の得意な井上の技術を掛け合わせた唯一無二の加工品であること。それにより、滋味深い淡路島そのものを食べているような感覚を消費者に想起してもらえるブランドづくりを目指した。

営業的意見や仕入生産の状況、商品特性などについて何度も打合せを行い、今回のブランドとして商品展開していくための社内条件を決めていった。そして新ブランド商品として淡路島を凝縮したと言える商品は、以下の条件を満たしていることとした。

淡路島で製造していること

淡路島土産として売られている加工品のほとんどは淡路島で生産されていないことから、淡路島の食材を、淡路島の会社が、淡路島の人の手で製造していることを特徴として打ち出す。

指定原材料は淡路島（沿岸）産を100％使用すること

淡路島の持つ地域資源を活用し、玉ねぎだけではなく、全国的には知られていないレベルの高い淡路島の食材をふんだんに使用することで、全国でも負けない商品に仕上げる。

簡単に見えるが、この2点を満たすことは非常に難しい。

数十種類ある㈲井上商店の製造品の中でもこの条件を満たすのは7商品しかなかった。しかし、このくらいの厳しい条件でなければ、類似品には太刀打ちできない。大手食品メーカーが大規模設備でライン生産している食品と、価格を含めた競争をしないといけない中で、淡路島の自社工場で、限られた設備資源で製造していく。それには淡路島の食材を知り尽くし、その食材が活きる加工方法を模索し続ける技術開発が必要である。そこにこそ㈲井上商店の強みが発揮できることを考えた上での条件設定だった。

60年かけて開発し続けたわかめ麺、淡路島牛乳の濃厚な味が他にないアイスクリーム、そして後続の開発中の商品を見据えた新たなブランドを「御《み》っ食《け》淡《あわ》路島《じしま》」と名付け、それに沿って、わかめ麺や淡路島の恵アイスなどのデザインを行った。

そこに込めたのは、まだ見ぬ淡路島の美味しい食材を、㈲井上商店の技術開発力で新たな名産としてリリースし、自分なりの御食国淡路島を見つけてほしいという想いだ。

淡路島の新名産となることを目指した「御っ食 淡路島」

Interview

㈲井上商店代表取締役
井上賀夫

家業が嫌いでしかたなかった

人付き合いよりも自然観察や昆虫観察が好きであった私は、蝉の幼虫や蟻の巣を金魚鉢に入れて見て遊んでいるような子供でした。

父・守弘と祖父・武男がとても厳しく、小学2年生からは家業であるうどん製造とその機械掃除を、学校に行く前に毎日1時間強制的に手伝わされていました。起きてこなければ布団を引き剥がされ、文字通り叩き起こされて手伝いに向かう日々が中学卒業まで続きました。

「手伝わないなら出て行け」と言い続けられていた私は、ついに嫌気が差して10歳の頃に家出をしましたが、戦時徴用で感化院（今で言う少年院）に勤めていたこともあって脱走捜索のプロだった祖父にすぐに見つかり、それまで殴られてきた時に使われていた箒よりももっと太い棒で殴られた記憶があります。

そんな環境でしたので、家業であるうどん製造は大変嫌いでした。小学校高学年くらいから次第に電気工作に夢中になり、ラジオや無線を自作するほど熱中していました。やがて、鉄腕アトムなどの影響を受けて、ロケット技師になることを夢見て勉学に励みました。

しかし、祖父からの家業である「食品の仕事」をしろというプレッシャーもあり、機械工学も学べる東京水産大学（現・東京海洋大学）になんとか進学しました。そこでは食品の冷凍技術について学んでいましたが、『I/O《アイオー》』というマイクロコンピューター（マイコン）の雑誌に出会い、コンピューターの未知の可能性に夢中になりました。実家から送られてくる麺で食費を節約しながら、貯めたお金を握りしめて秋葉原にマイコンの部品を買いに走る日々を過ごしました。

家業を継ぎ、極めて不愉快な日々に

コンピューターに明け暮れた学生生活も終わり、大手の食品メーカーにも合格していたのですが、父が探してきた尼崎の小規模な冷凍食品加工会社に就職することになりました。学業の中では冷凍の技術に対する勉強が好きではあったものの、ロボットづくりが忘れられなかった私は、休日に部品を買ってきては、ハンダゴテでロボットの基盤を作っていました。

当初は大阪勤務だったのですが、1年後に東京勤務になりました。ちょうどその時に祖父が寝たきりになってしまい、「すぐにやめて帰ってきなさい」と父親に言われ、1983年の夏に帰ることになりました。私が反抗すると、「お前のおかげで、言うこと聞かへんようになったやないか！」と母が責め立てられるのがわかっていましたから、それが嫌で帰ることにしました。

戻ってからの家業は、364日稼動で元日だけが休みという状態でした。嫌々帰ってきたこともあって、この当時を振り返ると毎日が極めて不愉快でした。私はオートバイが好きでしたので、気に入らないことがあったら柏原山までオートバイで登りました。唯一のストレス発散で、嫌なことがあるたび登りに行きました。

当時はまだ本州と連絡する明石海峡大橋も架かっていなかったので、瀬戸内海に浮かぶ淡路島は僻地でした。本州からの物流も悪く、天候が悪ければ1日や2日は船便が動かないということもあったと思います。わが社は今とほぼ同じ設備と規模で、うどんとアイスキャンデー、冷凍食品を卸しており、当時では珍しく大きな冷凍倉庫を持っていたので、それが優位になって島内の麺や冷菓、冷凍食品などの日配品を販売して利益を出していました。

1985年に四国と連絡する鳴門大橋が開通すると、サービスエリアに納品することになり、バブルという時代も後押ししてさらに大忙しになりました。唯一のストレス発散手段だったバイクにも乗れないくらいでした。

しかし、1998年明石海峡大橋が開通したことによって物流が非常に便利に

淡路島の自然と街並み

なり、本州との垣根がなくなったことで、淡路島も僻地ではなくなりました。

明石海峡大橋ができるまで、淡路島には大手コンビニがありませんでしたが、今では40軒以上あります。一つのコンビニが開店すると、周りの30軒の小売店が潰れると言われるほど淘汰のスピードは速かったように思います。

同時に商店の高齢化もあり、小売店の新陳代謝が進みました。我々は主に島内約700軒の小売店にうどんとアイスキャンデーを卸していたので、小売店が打撃を受けると、うちの売上げも同時に下がります。本州の商品がどんどん入ってきて、一気に潮目が変わりました。

物流が良くなったことによってライバルは全国に広がりました。弊社の主戦力であった冷凍麺は、どのメーカーも機械化が進むことで品質の差がなくなり、供給が過剰になることによって売価も一気に半分くらいになってしまいました。この状況を見て、このままでは立ち行かなくなると危機感を持つようになりました。

不可能と思われることにチャレンジし、世の中にないものを作る

1992年、私は諦められなかった機械の製造業務を始めていました。㈲井上商店の一部門で始め、将来的に独立させるつもりでした。自動機械を作る仕事を目指していましたが、いわゆる最後発メーカーでした。最後発だと簡単なことで失敗した時に「あいつはダメだ」と言われてしまうので、あえて不可能であろうと言われていることに挑戦したのです。当時、讃岐うどんがブームになっておりましたが、機械ではくっついたり、伸びたりする讃岐うどんの連携自動化がどうしてもできず、機械化は無理だろうと業界では言われていたのです。

しかし、人の動きを再現したロボットなどを使い、半生タイプの讃岐うどんの機械化に成功しました。この経験からも、「ないものを作る、不可能なものを作る」ということがこれから必要だと感じました。売上げが落ちていく㈲井上商店においても、他にない不可能と言われているものを作っていかなければならないと考えました。

会社を救うのは開発しかないと強く感じました。

讃岐うどん自動化でそれなりに地歩を固めた２００９年頃から、休みの日に社員を集めて讃岐うどんの食べ歩きをしたり、開発のための企画書を募集して良い案には表彰したりするなど、開発についての意識づくりを始めるようになりました。社員にも「これまでは淡路島で上位にいれば食べていけたけれども、これからは全国大会で入賞するようなものを作らないと食べてはいけない」と伝え、小さくてもいいから尖ったものを作って全国に販売するように方向を転換しました。

弊社には鳴門海峡で採れたわかめを練り込んだわかめそばという商品があります。そこそこ売れていましたが、これでは全国で勝負できない。これをなんとか尖った商品にするために、食塩や水を使わずにわかめと小麦粉で作る麺を開発することにしました。島田を始め社員皆が苦労して試行錯誤をしてくれた結果、粉末状わかめを入れるのではなく、特殊製法でペースト状にしたわかめの風味と味わいを活かした「わかめ麺」ができました。

ちょうどその時期に料理研究家の白井操先生との出会いがあり、百貨店などのお中元に入れてもらい、『婦人画報』からも引き合いがくるようになりました。

そしてもう一つ、淡路島牛乳をアイスにした「淡路島の恵」も開発し、全国の展示会に出して非常に好評をいただいています。

私は「資源とは何か？」という認識が重要だと常々考えています。目の前にあるものをいかに「資源」と考えるかです。重要なことは「資源の有用な組合せ」だと思います。例えば、わかめ麺は「わかめと小麦粉」の組合せです。淡路島は海も山もありますので、その利点を活かし、あるもの同士を組み合わせることによって、単なる地場の一次産品で終わらずに、ここにしかない商品が開発できると考えています。

淡路島には水産系の素材と農産系の素材が沢山あります。その素材が一番活きる有用な組合せが淡路島の新しい資源であり、そこに我々の培ってきた食品全般の知識、新たな機械の使い方などを掛け合わせて、「世の中にはない商品」を作り続けたいです。

広がり始めた淡路島の美味しさ

「御《み》っ食《け》 淡路島」というブランドでリリースすることで、これまでのわかめ麺という単体ではなく、ユーザーの享受する価値がはっきりした。

そのこともあり、現在では商品の販売も島内のお土産物売り場だけでなく、島内の一流ホテルや、島外の百貨店、また『婦人画報』や『料理王国』などのお取り寄せにも採用されている。

また、「淡路島を食べよう」というコンセプトを展示会などで伝え続けた結果、関西だけでなく東京から沖縄までのホテルや飲食店20店舗ほどでメニューとして採用されたり、無印良品などの大手小売店でも販売されたりするようになった。

淡路島の誇りを胸に仕事をし、淡路島でしかできない商品を自らの手で作り販売している。このような企業が増えると日本はもっと力強くなる。

都市部で評価が高い御っ食 淡路島

case 05

長期熟成・天然醸造の伝統の醤油造りをデザインで継承する醤油蔵

大徳醤油㈱
兵庫県養父市

□課　題　若者への天然醸造が持つ醤油の価値の伝達
□その背景　速醸という天然ではない醤油造りの一般化
□地域資源　蔵に住みつく微生物と但馬や日本各地の優良な原材料
□着目点　古臭くない醤油の見せ方と本物感
□解決方法　あえて寡黙で、説明的ではないデザインを施す

伝統的な天然醸造が危機

兵庫県の北中部に位置し、中山間地域農業における改革拠点として国家戦略特区に指定されている養父《やぶ》市。ここに本社工場を置くのが大徳醤油㈱だ。１９１０年に浄慶醤油店として創業し、１９５０年にマルト醤油㈱を創立、その後、大徳醤油㈱に社名変更して、現在に至る。

醤油は日本食の基本調味料であるために、かつては日本各地にその土地の醤油を製造する業者が存在した。しかし、大手メーカーの安価な醤油をスーパーで買うのが当たり前になり、地域の醤油屋の廃業が進んだ結果、記

録に残っている１９５０年代と比べても醤油製造業者は６分の１以下しか残っていない。

醤油はもともと、大豆、小麦、塩のみで造るものだ。醤油屋の杉蔵に住み着いた微生物が、四季の温度変化とともに自分たちにとって良い環境を作る副産物として自然とできるものであった。そのため天然醸造と呼ばれる元来の醤油造りは、四季の温度変化が重要であるため１〜２年を要した。

しかし現在、醤油として販売している商品のほとんどは、醤油の元であるもろみに温度や培養酵母を加え、人工的に醤油を早く造る速醸と呼ばれる製造法で造られるのが一般的になってしまった。速醸では１年以上かかる醤油造りが数ヶ月でできるため、より安く販売することができる。原材料も安価な外国産が多く、しかも脱脂加工大豆という油を抽出した後の大豆カスを使用することで、「早く、安く、大量」に造る醤油が当たり前となった。国産大豆から造られた醤油の割合は、わずか１・７％（農水省調べ）にまで縮小してしまっている。

大徳醤油㈱でも、時代の流れから一般的になりつつあった量産する醤油を造るための工場を新設する時期もあった。しかし、現社長の浄慶耕造の方針から、「いのちをつなぐ食べ物づくり」をしようと、天然醸造・無添加の醤油造りに舵を切った。簡単な方針転換ではなかったが、地元の昔ながらの消費者に支持され、その理念に共感する販売店も出てきた。その後、醤油製造として有機ＪＡＳ認定を取得し、国産有機大豆の醤油造りを始め、天然醸造の価値を継承する活動を続けていた。

醤油への熱い想いをいかに伝えるか？

私が大徳醤油㈱を初めて知ったのは、２０１１年の展示会だった。SASI DESIGNとして兵庫県にある紙の加工会社による新ブランドの展示会を手伝っている時、その隣のブースに出展していたのが大徳醤油㈱だった。その時は浄慶社長の息子である浄慶拓志専務（以下、浄慶）が展示会に来ており、歳も近いことから交流することが多くなった。

普段食している醤油のほとんどが天然醸造の醤油でないこと、素材を活かすという醤油の役割が薄れ、味を付け加える調味料になってしまっていることなどを浄慶から聞いた。そこから私は、個人的に大徳醤油㈱の醤油を購入するようになり、口に含んだ瞬間ではわかりづらいが、後からジュワッと様々な味が膨らむ天然醸造醤油のファンとなった。

ある日突然、浄慶から連絡があり、天然醸造の技術を利用した新商品のデザインを手伝ってほしいと言われた。そこで養父市商工会を通じて、専門家派遣という県の支援メニューを利用してヒアリングを行った。浄慶は外見も含めてクールな印象であったが、天然醸造とは何か？　何のために大徳醤油㈱はあるのか？　というように、

収穫

整畑

もろみを均す

造り

搾り

醤油造りのプロセス

商品パッケージだけでなく企業のアイデンティティを聞いてみると、怒涛のごとく醤油への想いが溢れ出した。「醤油は『発酵食品の中の発酵食品』と呼ばれるほど、発酵が大切なんです」と話し始め、醤油の製造工程や化学的メカニズムなど、素人にはわからないようなことも熱く語っていた。

印象的だったのは「大豆と小麦と塩で造る醤油が、スーパーで水よりも安く売っているのは、どう考えてもおかしくないですか？」という浄慶の言葉であった。自らが製造している醤油ではないにしても、非常に安く売られていることによる醤油全体の危機感もあったのだろう。本来の醤油と呼べないような醤油ではなく、四季の時間を経て微生物が造り上げた天然醸造による本物の醤油を、現在のユーザーにもしっかりと伝えたいという熱意が伝わってきた。「商品の強みは何か？」「他では真似しづらい部分は何か？」「社会的価値は何か？」など、事業者が困惑しがちな質問にも、自社の強みや価値をスラスラと答える姿から、天然醸造の価値を伝えたいという「覚悟」がすでにしっかりあると感心した。

浄慶の醤油に対する想いは溢れるほどある。だが、最近彼が取り組んでいる但馬漁港で水揚げされたホタルイカを醤油麹で醸造する魚醤のことまで詳しく伝えようとすると、言いたいことが多くなりすぎるとも感じた。ヒアリングを通して、「有機、地域、伝統」がキーワードとして確認できた。

価値を伝えるためのパッケージ打合せ

有機

幾多の生き物が作った土で豊かな実りを実現する有機農業に学び、「微生物多様性の醤油造り」と名付け、杉蔵に住みついた酵母や乳酸菌や野生種の微生物とともに、循環型の醤油造りを目指している。

地域

在来種の宝庫と呼ばれる兵庫県但馬《たじま》地方で、コウノトリと共生する「コウノトリ育む農法」という農業から生まれた大豆や小麦を使用したコウノトリ醤油に加え、但馬の風土が育む農作物や海産物を使用した、醤油ベースのドレッシングや魚醤などを製造している。

伝統

四季の温度変化の中で蔵に住み着いた微生物が醤油を醸していく伝統的製法・天然醸造を変えることなく守り、環境に適合した微生物が自分たちのリズムで代謝活動を行った結果として造られる、本物の醤油を継承している。

一般的に高価な醤油として販売されている商品のラベルやパッケージは、筆文字で「こだわり感」を前面に出す手法や、たくさんの情報を盛り込んだ、いかにも「こだわっています」という商品がほとんどだ。これでは、すでに健康やオーガニック食品に関心のあるコアな消費者に伝わる可能性はあるものの、潜在的な消費者に訴える力は弱い。その結果として、それほど醤油に関心がない人たちの市場は、輸入原料の醤油にシェアを奪われているのではないか。

そこで、もう一度浄慶に質問をした。

「天然醸造の醤油や魚醤の価値を伝えたいのは〝誰に対して〟なのか？」

浄慶は「こだわった買い物をする人だけでなく、まだ醤油のことを詳しく知らない人にも、天然醸造の醤油を使って生活することが豊かなライフスタイルにつながって、かっこいいと知ってほしい」と答えた。ここに一つの目指す方向性があると考えた。

浄慶は、こだわりのスーパーだけでなく、アーバンリサーチなどのアパレル店や無印良品などのライフスタイル店に営業し、店頭で販売してもらっていた。浄慶自身がデザインやファッションを好んでいたことも理由の一つだが、デザイン感度の高いショップでまずは手に取ってもらい、実際に良さを体感してもらいたいと思っての販売であった。私はやはりそこを突き詰めるしかないと話した。

いかに良いものでも、長々と押しつけがましく説明するのは、単なる「話が長い人」になってしまい、興味のない人には全く見向きもされない。造り手としての浄慶のクールな印象そのままに、消費者の感性に委ねる部分を残してデザイン性を高め、余白を活かしたモダンなスタイルにすることを提案した。

例えば「ほたるいか魚醤」という商品の瓶を包む包装紙は、よく見るとイカの形になっている。そして、そのパッケージである和紙を紐解くと、醤油とともに内側に書かれた「有機、地域、伝統」と天然醸造の説明が詰め込まれている。一見クールに見えるが、内側は熱いという浄慶の風貌をそのままデザインに落とし込んだ。魚醤の使い方がわからないユーザーのために、魚醤を使った和食やパスタなどの洋食まで、レシピを含めた提案をウェブサイトやパンフレットに記載して、これからの新しいユーザー獲得を意図している。

醤油業界では大手企業の存在が大きく、国内消費量のほとんどを占めている。しかし、まちの小さな醤油屋に価値がないかと言われると全くそうではない。伝統の醤油造りを継承するという大きな社会的役割がある。しかしその継承は、保守的な活動ではなく、若者層に「かっこいい、試してみたい」と感じてもらい、新たなユーザーを獲得し続けることである。挑戦は容易ではないが、大徳醤油㈱は確実にその道を進んでいることは間違いない。

シンプルだが価値を伝えるためのパッケージ。ほたるいか魚醤

Interview

大徳醤油㈱専務取締役
浄慶 拓志

就職氷河期と本社の立て直し

私は1980年に兵庫県養父市という田舎の小さな醤油蔵に生まれました。実家から少し離れた隣町に会社があったため、幼い頃は、たまに遊びに行ったり、配達に行くトラックに乗ったりする程度で、家業についてそこまで意識していませんでした。父親も家業を継がせるという話をあまりしてこなかったですし、今思えばあまり儲からない仕事ということもあって、継がせるべきかどうか悩んでいたのだと思います。

あまり醤油のことを意識せずに学生生活を過ごし、みんなと同じように普通に就職活動をしました。就職氷河期真っ只中で、4~5次面接くらいになると高圧的な面接がたくさんあり、なぜここまでして就職しないといけないのかと思いを抱くようになり、結局、就職せずにフリーターの道を選びました。

その頃、家業である大徳醤油㈱はと言うと、一つの転換期にありました。現在の本社所在地が創業の地だったのですが、私の祖父が1967年に隣町の八鹿《ようか》に本社工場を移し、醤油の生産をしていました。祖父は拡大路線で経営を考えており、当時は地元の消費者に商品を売る以外に、高度経済成長によって稼働し続ける京阪神の工場の給食用にも販売していたようです。

しかし、経済成長の鈍化とともに、給食用の販売もなくなり、経営が悪化して借金が重くのしかかっていました。ちょうどその時、八鹿の本社工場の隣には病院があり、その病院の拡張のために用地を明け渡す話が進んでいました。税理士には、本社工場用地を明け渡す費用で今ある借金を賄って0《ゼロ》にして、廃業することを勧められました。

しかし、当時（1986年）としては珍しく、醤油の原料を国産材料へ切り替えて、手間暇かけた醤油造りを進めていたので、生協や消費者グループなど、こだわりのある人がファンになってくれていました。社長である父も悩んだとは思いますが、そういう人や、これまで支えてきてくれた従業員のことを考えて、２００５年頃には創業の地で本社工場を立て直し、大徳醤油㈱を再生することを決めました。

２年ほどフリーターをしていた私も、実家のことや家業のことが気になり、いつの間にか家業を継ぐ気持ちになっていました。それは会社を立て直すというきっかけもあったと思いますし、当時から無印良品にうちの醤油が並んでいたことも大きかったと思います。よく知っているお店に自社の醤油が並んでいるのを見て、父親も頑張っているんだなと思いました。

うちの醤油をもっと若い人に使ってほしい

本社の立て直しが決まった頃から、商工会のセミナーなどのために月に一度くらい大阪から帰ってきていましたが、本格的に戻ってきたのは翌年の２００６年でした。大徳醤油㈱に入社した当時、売上げは今よりも20％ほど低い状態でした。それよりも私が危機感を抱いたのは、消費者の年齢が高いことでした。今でもそういう傾向はありますが、当時のメインのお客様は地元の高齢者がほとんど。若い人はスーパーで水よりも安い醤油を買うし、地元の高齢者がこれまでの付き合いで購入してくれているのが現状でした。

過疎地域なので、地元の人口は減るのが目に見えています。ご愛顧いただいている高齢者もいずれはいなくなることを考えると、このままでは消費量が減っていくことは間違いありませんでした。私自身、若かったこともあって、「醤油＝ダサい、古い」というイメージがなんとなく嫌だったことも覚えています。

国産材料で長期熟成で有機の醤油造りをするという「いのちをつなぐ食べ物づくり」という父親の理念は、当時から間違っていないと思っていました。しかし、私が会社に入った当時、従業員の平均年齢は51歳でしたし、誰一人としてしっかりと営業ができないような状況でした。

このままではまずい、もっと若い人に我々の醤油を使ってもらいたいという想いから、外部コンサルタントに教えを請い、営業ノウハウを勉強し始めました。知人の紹介で、自分の夢を叶えるためのプレゼンテーションをするコンテストに参加するなどして「若者に本物の醤油を広めたい」という想いを周りに伝えることも取り組みました。

地域とつながることが伝統の醤油造りを守る

良いものをいくら造っていても、伝わらないことは多いと思います。昭和の初めには全国で7000軒あったと言われる醤油屋は、現在1500軒程度にまで減っています。

実は日本人の醤油消費量は、大手醤油メーカー5社の生産能力があれば余裕で賄えます。では残りの1500社弱の醤油メーカーはいらないのかと言うと、私はそうは思いません。伝統の発酵技術を守って、消費者の身体が喜ぶ醤油造りをするしか、私たちの生きる道はないのです。大手メーカーの醤油が当たり前になってしまっている現在では、我々の守っている醤油造りのことをしっかりと「伝える」必要があると考えました。

まだ入社して間もない時期に、中小企業同友会の例会があり、新入りの私が醤油造りのスピーチをすることになりました。大きな例会でのスピーチということもあり、大企業の社長らにもしっかりと伝わるように自社の理念をまとめる必要があると感じました。

そこで会社のスローガンを「有機、地域、伝統」というキーワードにまとめました。

「有機」は様々な生き物を育む有機農業から学び、先祖代々受け継いできた酵母で〝いのち〟の循環する醤油造りをしていることに由来します。

「伝統」は、醤油本来の造り方である四季の温度変化とともに、住みついた微生物が醤油を醸していく長期熟

天然醸造のもろみを搾り、醤油ができる

成・天然醸造です。

そして一番大切なのは、「地域」であると考えています。私たちは但馬地域の恵まれた自然資源を醤油に活かしています。それだけでなく、現在では「コウノトリ育む農法」でできた材料で造る「こうのとり醤油」や、但馬漁港の海産物を使った魚醤など、様々な商品を製造販売しています。この地域にしかない価値を出すには、地域と結びつくことが一番ブランド価値を高めることになると考えています。

わが社では地域の顔の見える安全な商品づくりを早くから始めていたことから、大手コンビニチェーンから「兵庫づくしのおにぎり」という商品に醤油を採用いただくことにもなりました。ここで、地域とつながり、顔の見えるものづくりをする信頼感こそが、自社の価値を高めるのだと確信しました。

また、そのきっかけになったのは、ある有機農家さんとの出会いで生まれた有機野菜のドレッシングでした。地元・但馬の有機農家と醤油メーカーのコラボレーションということで、農商工連携の補助金をいただいて、初めて大規模な展示会に出品できました。我々のような小さな企業が、一つ一つの取引先を探しアプローチしていくことは難しく、このような展示会に出してたくさんの人に見ていただくことが一番の営業になると思っています。これをきっかけに、現在でも積極的に展示会に出るようになり、新たな販路を開拓しています。

見せ方を変えることで伝統を伝える

1960年代、醤油業界は生産力の合理化を目指して、個々の工場の設備を廃棄して協業化を進めました（構造改善事業）。この結果、現在では醤油屋でも醤油を自分たちで造っていないという場合がほとんどです。たとえ造っていても外国産の原材料を使っていることが多いのが現状です。一方、わが社は一貫製造を堅持し、1980年代から国産材料にこだわった醤油造りをしてきたので、自社の強みがはっきりしています。

だからこそ、それを伝えるために重要なのはデザインだと考えるようになりました。中身が伴っていない商品もよく見かけますが、それだけでは面白くない。中身の醤油が良いのは当たり前で、いかに若い人にその価値を感じてもらえるようにデザインを良くするかだと考えています。

ラベルのデザインも少しずつ変えていき、加工食品としては難しい有機JASの認定を取得したところから動きが変わってきたように思います。これによって、オーガニック食品大手のナチュラルハウスから声がかかり、取引が始まったのです。その取引をきっかけに、無印良品のカフェのプロデュースをしているシェフにもこだわりの醤油造りについてプレゼンテーションをする機会が得られました。そうして2年がかりで、無印良品の醤油をすべて弊社の醤油に変更してもらうことができました。

売り場も重要で、いくら良いことが書いてあっても、安い商品がたくさん並んでいるスーパーでは、お客様は立ち止まって読んでくれません。うちはもともと対面販売によって成り立ってきた醤油屋です。これまで通りのやり方ではなく、若い人が立ち寄るお店でも手に取ってもらえるようなパッケージのデザインが、私たちの醤油造りの価値を伝えてくれると思います。

あるアパレルショップで展示販売品として採用された時の取っ掛かりも、ラベルのデザインでした。流行の洋服が並んでいる中で、いかにも醤油という商品だと難しかったでしょうが、オーガニックであることと、シンプルで雰囲気を邪魔しないラベルだったことが受けたのかもしれません。無印良品で取り扱われていた理由も同じでした。

良いものを作っているだけでは売れない。抜本的に変えなくても、若者に受け入れられるようにデザインを変えていくことだけでも伝統は守れると思います。これから、醤油はダサいものではなく、伝統の価値であることを若い人に伝えていきたいです。

天然醸造を広めるための新たな手を

浄慶はスーパーなどへの営業だけではなく、ライフスタイルショップが仕入れに来るような展示会にも積極的に出展しているほか、モデルや有名人などの集まるイベントや香港などの海外での展示会などにも出展するなど、新たな顧客の獲得に向けて邁進している。

　また、昭和の初め頃までは各家庭で造っていた醤油造りを復活させるべく、天然醸造の手造り醤油造りキットを販売したいという想いから、２０１７年にはクラウドファンディングのプロジェクトを立ち上げ、SASI DESIGN もフォローし、見事成功させた。

　手造りの醤油は、食育や子供の免疫力向上にも効果があると言われる。天然醸造という伝統の製法だけではなく、醤油を造るという文化も継承しつつ、新たな顧客を作り続けている。

醤油じかん

家庭で１年かけてゆっくり造る「手造り天然醸造醤油キット」を販売。天然醸造を広げる活動としての「醤油じかん」のロゴは、原料の大豆をイメージしてデザインした

食育にもつながる親子での醤油造り

自分で仕込む手作り醤油

case 06

「美味しい食卓」を地域と一体化した酒造りで提案する老舗酒蔵

田治米合名会社

兵庫県朝来市

- □ **課　題**　地元消費の落ち込み
- □ **その背景**　消費者の高齢化と若者への価値の不伝達
- □ **地域資源**　但馬の風土が生む米と水、純米酒造りの技
- □ **着目点**　料理によく合う純米酒の飲合せ
- □ **解決方法**　地元風土と温故知新の酒造りの伝達、料理との組合せを想起させるブランドづくり

目の前にある地域資源と進む日本酒離れ

兵庫県北部の但馬《たじま》地方に位置し、天空の城と呼ばれている雲海で有名な竹田城がある朝来《あさご》市にある酒蔵、田治《たじ》米《め》合名会社。「一粒の米に無限の力あり」という理念のもと、地元・但馬の恵みを活かし、地域と一体化した酒造りを目指して元禄15年に創業された、300年を超える老舗である。

但馬地方は森林率83%であり、国立指定公園や世界ジオパークに指定されている日本海沿岸から、氷ノ山《ひょうのせん》や

扇《おうぎ》ノ《の》山《せん》を中心とする１０００m級の中国山脈の山々、さらに山と海をつなぐ円《まる》山《やま》川を始めとした一級河川など、自然に恵まれた地域だ。

また日本海型気候で降水量が多く、希少動植物の生息が多く確認されている。特に野生コウノトリ最後の生息地でもあったため、農薬使用を抑え、コウノトリが餌を求めて水田に戻ってくることを目指した「コウノトリ育む農法」を官民共同で進めるなど、地域資源を活かした取組みがなされている。冬季に積雪量が多く、農作業が行えないために出稼ぎで酒造りを行ってきた地域であり、但馬杜氏など但馬流と呼ばれる独自の技術の伝承が行われている。酒米の代表格であり芳醇な酒ができると評判の「山田錦」は、全国生産量の実に6割が兵庫県で栽培されているなど、酒造りの資源がふんだんにある。

しかし、同地域でも戦後の米不足などがきっかけとなり、清酒に食用エタノールなどの醸造アルコールを添加し増醸させた普通酒や、清酒を3倍に増醸させた三倍増醸清酒などの生産が始められた。現在は法改正により3倍増醸清酒は日本酒として販売できなくなったが、米不足が解消した後も、米をあまり磨かずに醸した低精白で雑味の多い酒よりも、キレが良く飲みやすい普通酒などが消費者に好まれた。また増醸することで低コストで利益率が高くなり、醸造アルコール添加の酒が戦後の主流である。

しかし１９７０年以降、40年にわたり、日本酒の消費量は低下し続けている。

生酛のもと摺り

米の吸水率の目視

その原因の一つは、日本酒に対してのイメージである。飲み方や体調によっては、悪酔いや二日酔いをするイメージが強く、若者の「日本酒離れ」が加速していった。但馬地域でも若者はビールや酎ハイ、ワインなどに流れ、日本酒離れが進み、田治米合名会社も、地元の馴染みの消費者に普通酒を販売するよりも朝来市や城崎などの観光客への販売が主になってきた。

「竹泉《ちくせん》」という地酒を製造する田治米合名会社は地域のシンボルのような存在であったが、相次ぐ不幸により、19代目のご子息で3人姉弟の次女である田治米直子が後を継ぐこととなった。その直子と出会い結婚したのが、現社長の田治米博貴（以下、田治米）である。

田治米の生まれは埼玉県であり、実家は地元でも有名な酒蔵だったが、直子の事情を知り、親を説得して田治米合名会社に入社した。時代は２０００年代初頭、まだまだ醸造アルコールの入ったお酒が主流であり、品評会で金賞を取った酒が人気となる時代であった。

その中で田治米は、試行錯誤をしながらも「体にやさしい、食事を引き立てる食中酒」として全量を純米酒に切り替える決断をした。造り方はもとより、製造するタンクや環境なども多額の投資をして変えなければならない一方で、醸造アルコールを足さない分、生産量は減ってしまうリスクがあり、容易な方針転換ではなかった。

そして何より、これまでの醸造アルコールの入ったお酒に馴染んでいる地元消費者からの理解を得る必要があった。馴染みの味ではなくなるだけでなく、価格も改定することになるからだ。

袋吊りにて酒を搾る様子

解決したい2つの課題

私が初めて田治米と出会ったのは２０１４年の夏だった。当時から竹泉は航空会社のファーストクラスのメニューとして採用され、有名ファッションブランドのレセプションパーティーで提供されるなど評価が高く、大阪や神戸の販売店や料理店では、通の好む酒として人気があった。

初回のヒアリングで理念を問うと、「世界平和を家庭平和から」と即答された。答えの壮大さに焦ったが、即答できるということは普段から相当考え抜いているのだと感じた。日本酒の理念とはほど遠く聞こえたそのフレーズも、意味を聞いていくにしたがって理解できた。世界の最小単位は家庭であり、その家庭の営みの食卓で笑顔が増えれば、世界が平和になる。その食卓の料理とともに楽しむ酒が竹泉でありたいということだった。

そのためには日本酒単体ではなく、料理との楽しみ方が非常に重要だと伝える必要があったが、それが伝わっていないことが一つ目の課題であった。世間一般に大吟醸が一番良いお酒である印象が強く、それ以外は下位ランクというイメージがある。出てくる料理に関係なく大吟醸を飲んでいれば間違いないと思っている消費者も多い。それはコース料理の前菜から肉料理まで、スパークリングで通しているようなものである。ワインやクラフトビールと同じで、日本酒も米の種類や造り方によって味わいが様々であり、合わせる料理によって種類を変える楽しみ方がある。だが、ワインであれば、「前菜にはスパークリング」「肉なら赤、魚なら白」などわかりやすいが、日本酒は米が違っても同じ色合いであり、その味わいがわかりにくい。現在のラベルやパッケージでは、その料理との相性などがわからず、本当によく知った一部の消費者しか、その楽しみ方が伝わっていなかったのだ。

もう一つ大きな課題があった。それは、日本酒造りによる地域貢献に対する地元の理解が十分でないことであった。これから地元で暮らす消費者の高齢化が進むなか、若者層が地元の日本酒に誇りを持って嗜好してくれることが重要であった。目の前に広がる豊かな自然資源を利用し、酒米の栽培が進むと、地域の原風景を保ち、災害などから地域を守ることにもつながることも伝えたかった。

そこで私は、純米酒へのこだわりと地元との一体感を伝えるブランドづくりが必要であると提案した。

ようやく表せた自分たちの酒

リニューアルには実に3年を要した。パッケージやラベルのデザインを変更するには通常3ヶ月、長くとも半年あれば十分にできる。しかし今回は、新商品ではなく主力商品であったことと、ラベルには課題である「料理との相性」と「地元への貢献」以外にも、300年続く田治米合名会社の方向性を示す必要があった。田治米がこれまでの酒造りから全量純米酒に変える想い、また最終的には「オール但馬」の酒造りにより地元との一体感を目指すことなど、1年以上かけながらヒアリングし、少しずつ方向性を出していった。

そこで導き出したコンセプトは「温故知新」。これまでの酒造りを否定するのではなく、目線を少し昔に戻して、自分たちの手仕事で丁寧に酒造りに精進する。そして地域と一体となり、一粒の米から様々な味わいを醸す酒を造ることを目指した。

ロゴは、一から新たにデザインするのではなく、記録に残っている一番古い竹泉のロゴを少しだけ読みやすく加工することにした。そこで用いられている髭文字と呼ばれる毛筆を模した独特の文字は、朝来市の原風景が残る戦前に作られたものであり、地元の住民の誇りを引き出すものとして採用した。ラベルや化粧箱などのデザインのトーンは「温故知新」に基づき、どこか懐かしく、モダンさも感じることを念頭に行った。

次に、日本酒と料理の相性を理解した上で楽しんでもらえるようにするために、今回リニューアルする8種類の酒を廊下に並べ、田治米と私で一つ一つ酒を利きながら、味わいや風味をイラストや単語にまとめていく作業を3ヶ月ほど繰り返し、それぞれの酒に味わいを想像させるコピーをつけていった。「ふくよかでほっこり」「香ばしく豊かな酸」「丸い酸味とキレ」「スモーキーで重厚な酸」など、どことなく酒の味わいをイメージできる短い文章をラベルに表示して、消費者がそれぞれ相性の良さそうな料理を考えながら酒を楽しむことができるようにした。

そして地元との一体感をどう表現するかについても検討を重ねた。田治米には地元の米や水を使用することについて強い想いがあった。地元の田圃を使うことで治水につなげて災害を防いだり、地下水を使うことで地域の水を守ったりするだけでなく、地元の米や水を使用した身体に優しい酒を造ることで、地域の人々の健康を守りたいとも考えていた。

竹泉

chikusen

リニューアルした竹泉ロゴ

原風景の田園

そこで、竹泉が地元の自然資源とともにあり、地域と一体であることを、縞模様を用いてパッケージに示すことにした。斜線と縦線で浮かび上がる「竹」の字で「雨が降り、川になる」ことを、そして「泉」の字を「田」と「米」の組み合わせにデフォルメし、「川の水が田圃に入り、米ができる」ことを表している。

3年かけて慎重に検討していったが、デザインが変わったからといってすぐに売上げが変わるものでもない。地元の消費者や若者層に向けて企業の存在価値を表すプロジェクトであったため、リニューアルした後の活動が重要になる。都市部への販路拡大、海外展開、そして地元消費の喚起など、限られた社員でやらなければいけないことは山積みである。地域と一体化した酒造りをしているということを伝える第一歩を踏み出し、地元住民の誇りとして竹泉があることを根付かせる活動のスタートを切った。地域の自然資源だけでなく、誇りに思ってくれる地元住民も含めた「オール但馬」の酒造りという田治米の夢は、これから実現する。

地域と一体であることを表したパッケージ

味わいを表記したラベル

Interview

田治米合名会社・代表社員社長
田治米博貴

嫁の実家の酒蔵を継ぐという決意

私の実家は、埼玉県で文政時代から日本酒の酒蔵を営んでいます。近江商人であった先祖が埼玉に移り、酒蔵を創業しました。私も本籍は滋賀ですが、生まれも育ちも埼玉でした。

子供の頃は、酒造会社やお酒に対する興味が全くなく、良いも悪いも何も思っていませんでした。やがて社会人になって勤めに出るのですが、父がやってきたことの偉大さをだんだんと感じるようになり、同じ道に進むことにしました。

27歳の時に、広島にある醸造研究所で醸造や製造について学び始め、現在の妻と出会いました。妻は、田治米合名会社の生まれで、3人姉弟の真ん中です。もともと彼女の弟がこの酒蔵を継ぐ予定だったのですが、1996年に亡くなり、その後に彼女の母親も亡くなってしまい、それで彼女が後を継ぐことになりました。それを機に1999年9月に結婚。私は10月に田治米合名会社へ入社しました。

実は、醸造研究所を出た後、私は実家の酒蔵へ製造や醸造の責任者として戻る予定でしたが、私の実家に同じことが起きたら（つまり私が死んでしまい、母が死んでしまった時）、きっと父は仕事ができなくなってしまうだろうと思い、妻とともに田治米に入りたいと父に話しました。すると父も「経営者としては反対だけど、親としては賛成だ」と言ってくれました。

但馬に慣れるための3年間

育った家の家庭料理も関西の味付けでしたし、関西には馴染みがありましたが、兵庫県には所縁《ゆかり》がありませんでした。また、この辺りは但馬とも呼ばれますが、緑が豊かで、関西と言うよりは文化風土が山陰に近い感じもあります。とにかく関東とは全く違った文化圏なので、まず最初の3年でここに慣れようと。1年目は地元の生活に、その後は商売や酒造や、この土地の人柄や、お世話になっている地元店との付き合いなど、ここのやり方のすべてを受け入れ、足場を固めた上で、色々なことをやっていこうと思っていました。気候の影響も大きいと思うのですが、但馬の人たちはみんな根性が座っていて、粘り強く、一つのことをやり遂げる力があると感じました。

至酔《ちすい》飲料から、楽しむお酒へ

田治米合名会社では、長年「竹泉」という酒を造っていますが、入社当時に造られていたお酒は、ほぼ普通酒と呼ばれる種類のものです。本来日本酒とは醸造酒で、米と米麹だけを使うものなのですが、そこに醸造アルコールを添加して増量したものが普通酒です。醸造アルコールを添加することで、当時の純米酒の3倍の量ができました。今では法律が変わって最大でも2倍までしかできません。普通酒は醸造アルコールと純米酒を混ぜたお酒で、端麗ですっきりと飲めるのが特徴です。

売上げは、ほぼ100%近くが地元の方々によるものでした。売上高は今より多かったですが、利益率で見ても普通酒を造っている方が良かったです。

当時、私は普通酒を飲むと、なぜか悪酔いしてしまったんです。蒸留酒である焼酎なども苦手でした。今では、醸造家や焼酎の蔵元が色々な醸造技術で焼酎を造っていて、ちゃんとした焼酎を飲むと美味しく飲めることがわかっているのですが、当時は焼酎についてあまりよくわかっていなかったこともあり、蒸留酒をバカバカ飲むと、なぜか嫌な酔い方をしていました。そんな経験から、地元で竹泉を買ってくださっている方は、「楽しく飲む」というより「ただ酔うために飲んでいるのかな?」と感じていました。

そこで、至酔飲料としての酒ではなくて、純粋に味を楽しむための酒として、純米酒を造りたいと思うようになりました。

小さな改革の積み重ねで、全量純米酒へ

「純米酒を造る」という方向性は、これまでやってきた

ことと真逆で、これまでの経営母体を否定することになってしまうし、「売上げがついてくるのか？」といった怖さもありました。

いきなりすべてを変える「革命」はできないので、毎年「改革」を積み重ねて「いつの間にか全部純米酒になっていた」という感じにしようと。

腹をくくれたという意味では、2006年に立ち上がった「全量純米蔵を目指す会」の存在も大きかったです。全国の酒蔵が「5年以内に全製造酒を全量純米にする」という名目で集まっています。ちょうどその頃、会社の代表に就任したのですが、「やっぱり純米酒だ」と思っている時に、同じような想いを持った活動に誘われました。そこで世間に向かって「5年以内に全量純米酒」と公言したことが、夢への加速となり、2012年に全量純米を達成しました。

「楽しむためのお酒」としての純米酒。「楽しむ」というのは具体的に言うと、家族一緒に飲めて、お母さんのごはんを美味しくするような、飲んで笑顔になるようなお酒です。

家庭が平和であれば、会社に行っても笑顔でいられるし、会社でも笑顔でいられたら、地域や社会全体も平和でいられる。小さな幸せを積み重ねていって、世界平和につながればよいと思っているんです。

子供の頃から食卓にあって、その子供たちが大きくなった時に「そういえば、お父さん、お母さんがいつも飲んでいたお酒は竹泉だったんだな」と思い出してもらえるようなお酒が造りたいです。

竹泉らしさと、兵庫らしさ

今の形が出来上がるまでには、酒蔵としても色々な試みをしてきました。各種酒コンクールの金賞を目指していた時期もあります。やはり、技術者である杜氏にとって「金賞」というのは勲章みたいなものですから。ところが、コンクール

袋搾り斗瓶取り

への出品酒を造る時に杜氏が「よーし、お前ら。本気を出せよ！　今からが本番だぞ！」と言ったのを聞いて、ちょっと自分の考え方と違うと感じました。「今から」が本番だったら「今まで」は何だったのか、納得できませんでした。飲むものすべてが本番で、毎日飲むものが特別であるべきだと。

色々な酵母を使った醸造や、「食中、純米、熟成、燗酒」という多様な酒造りも試みました。昔は冷酒が好きでしたが「毎日楽しむのだったら燗酒がいいな」とか、「油っぽいものを溶かすんだったら、あったかい酒の方がいいな」とか、私自身が飲んで体感しながら、今の竹泉の形が出来上がっていきました。やがて高齢だった杜氏にも世代交代が起こり、今一緒に働いている若い仲間はみんな同じ気持ちで毎日酒造りに励んでくれています。

竹泉らしさとは何か、何度も考える中で、「日常で楽しむためのお酒」であり、「食中、純米、熟成、燗酒」という形が完成しました。おかげさまで、地域外の方にも認めていただけるようになっています。また地元の方にも悪酔いせずに普通酒に近い感覚で楽しんでいただけて、特別な米できちんと醸造した純米酒を造りたいです。

地元の米を使いだしたのも、地元の方に親しみを持ってもらいたいからです。新潟や東北は米が美味しいから酒も美味しいとよく言われます。確かに東方の米と酒は美味しいですが、「酒米」の日本一は兵庫県産の山田錦です。

おかげさまで、当社は全量を地元米で賄うことができています。地元の米は地元の水と相性が良いんです。兵庫県産の山田錦は、兵庫県の酒蔵が使って、本当の地酒として打ち出すのが一番良いと今では思っています。

地元の米を使うことには地域を守るというメリットもあります。治水効果のある田圃を作ることで、災害を防ぐことができます。また田圃は、水をゆっくりと地下まで浸透させるので、未来の水を守ることもできます。地元の雇用を守ることも含め、少しの力にしかなれないかもしれませんが、そういう気持ちで酒造りをやっています。

世界で認められた料理との相性

ブランド再構築のための最初の打合せから、3年越しにようやくリリースできた新しい竹泉。vintage《ビンテージ》シリーズという名前を付け、料理に合う純米酒を発売することができた。地元での販売においてはまだまだ思うような数字が出ていないが、但馬産業大賞技術部門を受賞するなど定着の兆しは見えてきた。

そして何より、料理と酒のマリアージュを大切にするフランス人によるフランス人のための日本酒コンテストKura Master《クラマスター》では、純米大吟醸部門と純米部門において金賞ダブル受賞をするなど、その酒造りに対する考え方や技術の評価が高まっている。

田治米の「世界平和を家庭平和から」という信念のもとで、「食卓が楽しくなる、料理とよく合い身体に優しい酒造り」が確実に広まりつつある。

フランスで獲得した金賞

料理とともに竹泉を味わう

case 07

地域の自然の恵みを活かしたブランディング展開で利益３００％増

銀海酒造㈲
兵庫県養父市

- □**課　題**　売上げの大半を占める一社のOEMからの脱却
- □**その背景**　営業不振と大口OEM先の売上げ減少
- □**地域資源**　但馬地域の有機農家と造る完全手作りの酒
- □**着目点**　蔵元自ら造るこだわりの酒と、蔵元のアウトローな性格
- □**解決方法**　どこにもないデザインで本物の酒を今の食卓に並べる

危機の連続

１８９７年に創業した銀海《ぎんかい》酒造㈲は、兵庫の屋根と呼ばれる氷ノ山を望む但馬《たじま》地方の養父《やぶ》市関宮《せきのみや》に位置し、地元の酒として愛されてきた。この地域には、氷ノ山《ひょうのせん》や鉢伏山《はちぶせやま》からの清らかで冷たい水が蛇紋岩を削りながら流れ込むため、マグネシウムやカリウムなどをふんだんに含んだ肥沃な土地が広がっている。その昔、神様が放った矢の突き刺さった土地で米がたくさん取れるようになったことから「米」の文字を分解して「八木」と名づけられたと伝わる地区が残るほど、豊かな土壌と清らかな水に恵まれた地域である。

現在蔵元の5代目を務める安木淳一郎（以下、安木）の父は、関宮地域の町議会で副議長を務めるほどの名士であった。

小さいながらも、長く地元・関宮の酒として愛されてきた銀海酒造㈲であったが、運悪く手形詐欺に遭い、一気に倒産寸前に追い込まれる。このままでは倒産するという時に、同じ兵庫県加西市に本社を置く、ある地元企業が融資を行い、なんとか一命を取り留めた。この会社は仕出し料理や弁当などを扱う、地域では大きな食品メーカーだ。融資とともに銀海酒造㈲の蔵を使った仕出し料理のための日本酒のＯＥＭもスタートした。それと同時に安木自身もここに就職することとなった。

蔵元4代目の父と母、期間労働である蔵人が数名の小さな酒蔵であったため、このＯＥＭが売上げを支えるものとなった。この一社のＯＥＭをこなしているだけで、年２５００万円ほどの売上げがあり、実に当時の売上げの約7割を占めるほどであった。

しかし、１９９０年代後半に入るとコンビニや他の外食産業の進出により、ＯＥＭ先である地元企業の売上げが落ち込んでくる。展開していたロードサイド型店舗だけでなく、おせち料理の仕出し事業などにも影響が出始め、銀海酒造㈲への影響も大きくなり始める。

そんな状況のなか、２０００年に安木は銀海酒造㈲に戻ることになる。翌年の夏、杜氏が基本的な作業をおろそかにしたことにより、酒の発酵不良が起こり大損失を出すことになった。売上げも低下するなか、杜氏に任せるのではなく、自ら酒を造りたいと、兵庫県工業技術センターの指導のもと、一から酒造りを学ぶ。蔵の主人自身が酒を造ることは当時では珍しく、自分で納得のいく酒造りに向けて邁進していたものの、ＯＥＭの売上げも落ち続け、直接販売もなかなかできない状況であった。

自分の酒を、自分らしく売れない

２０１４年４月、私たちは地元の但馬信用金庫の紹介と、養父市商工会の斡旋により、安木と会った。

安木は、地元の酒米を使い自らの手で温度を感じながら醸した奥行きの深い酒を造っていたが、酒店に営業しに行くことが非常に苦手だと話した。酒造りには自信があったものの、酒店に営業に行き「これじゃあかんで」と言われると、嫌になって帰ってきてしまっていた。今後の販売計画や会社としての理念など、経営的側面のヒアリングを重ねるも、なかなかスムーズに想いのある言葉にならないというのが、当初の印象であった。

しかし、一旦酒造りの話になると、これまでの受け答えが嘘のように、酒へのこだわりが彼の口から出てきた。発酵の話、自然の話、水や米、神話の話など目を輝かせながら語るその様子から、酒を造っていることへの楽しさとプライドがそこにあると確信した。

安木の酒をストレートに美味しい酒と表現しても埋没するであろうと考えていたが、ヒアリングを４～５ヶ月続ける中で、それを解消するヒントが見出せた。「自分の酒をどう飲んでほしいか？」という質問をした際に、「ブルーチーズと一緒に」とか「ニール・ヤングのしみったれた感じの曲を聴きながら飲むとよく合う」などと独特の表現で答えがどんどん出てきたのだ。

振り切ってみる覚悟

安木は、衣服や音楽、小説から落語まで、幅広い興味を持っていた。どんな食事が日本酒と合うのかということを安木に教えてもらうために、大阪に食事に行った時も、好きな音楽や文化の話をたくさんしてくれた。

決定的だったのは、「日本酒の中にフルーツを入れて飲んでみたら面白いんちゃう？」という言葉だった。伝統に厳しい世界の中で、そんなことをしたら確実に非難されるだろうと思ったが、「若い人にもっと日本酒飲んでほしいやん」と笑いながら言っていた。その後、実際にフルーツを買い、安木の酒に入れて飲んでみる試飲会もした。

ボトルのデザイン提案を控え腹をくくった私は、完全に振り切った提案をした。氷ノ山の山並みを配しながらも、日本酒ともワインとも似つかないボトル、その土地の大きな桂の木を模したずんぐりむっくりの薬瓶を日本酒に、と提案したのだ。

「ありえへん！」という第一声に、怒られたと思ったのだが、「こんなありえへんデザインの日本酒、誰もやらへん。だからやりたい」と安木は笑っていた。その後、「これが俺の日本酒だ」という意識が高まり、「営業に行って話をわか

一升瓶の代わりに提案したデザイン

フルーツを入れて楽しむ新しいスタイル

ってくれない店主はこちらから断って帰ってくる」というほどに心が固まっていた。

新商品を発売して数日後、兵庫県の観光地である城崎温泉で店頭販売をした安木から興奮冷めやらぬ声で電話がかかってきた。「近藤君、城崎で販売したら若い女の子が立ち止まって買ってくれてん。3日で20万円も売れたで！」

吉報を聞いて、安木の酒がようやく安木らしくなったことを一緒に喜んだ。

Interview

安木淳一郎

銀海酒造㈲専務取締役

手形詐欺に遭ってしまった造り酒屋

　私は男2人兄弟の長男として生まれました。家業は酒蔵でしたが特に親父からは、蔵を継ぐという話はなかったように思います。それでも自分で継ごうと思い、東京農大を受験し酒造りを勉強しようと考えたものの受験に失敗。京都の予備校に通いましたが、面白くなく3ヶ月で辞めてしまいました。しかたなく酒蔵である実家に帰って手伝いをするようになりました。手伝いといってもぶらぶらと配達をする程度でしたが、これを機に実家に帰ってきたのです。のちに親戚の勧めで会社勤めもしますが、上司とそりが合わず喧嘩して辞めてしまいました。

　そんな中、ちゃんと勤めようと実家近くの大手乳製品会社に就職して程ない頃でした。友人が「ヤクザがお前の蔵の手形を持って回ってるらしいけど大丈夫か？」と夜中に訪ねて来てくれました。心配になった私は、父親に「どうなっとるん？」と聞くと、「100万円の手形を貸してるんや」と答えました。100万やそこらで手形を持って回られることはおかしいと感じた私は、もう一度聞き返すとすぐに「500万円や」となりました。このままでは取り返しのつかないことになると思った私は、お金を借りる算段もしないといけないこともあって、親戚に連絡し、すぐに来てもらいました。

　親戚が親父を問い詰めるとその手形が膨れ上がって3000万円だということがわかりました。手形詐欺に遭い、100万円を借りるのに、闇金融に手を出し150万、手形の支払いのために、さらに200万円を借り、気がつけば3000万円というとんでもない金額に膨れ上がっていたのです。

　当然そんなお金を返済できるわけもなく、倒産かという時に手を差し伸べてくれたのが、地元に本社のある企業でした。その企業は仕出しや弁当製造のほか、弁当販売店舗を兵庫県内に48店舗ほど展開していて、当時は60

億円ほどの年商でした。助けてもらった恩もあって、銀行勤務をしていた弟が、経理部門の手薄だったその地元企業に就職することに。当時、その企業がフランチャイズ化を検討していたこともあり、私も研究のために大手コンビニチェーンのフランチャイズ店をするということで、勤めていた乳製品会社を退職し、そこに就職しました。

杜氏が尊敬できない、それなら自分で造ってやる

こうして家業の危機を救ってくれた企業に、弟も私も就職し、程なくして仕出し事業の酒のOEMとして酒造りの取引もスタートしました。フランチャイズ化の勉強とはいえ、大手コンビニチェーンの店長として7年間研究しましたが、大手のやり方をそのまま真似するのは、なかなかうまくいきませんでした。

そんな時、この企業も詐欺に遭ったらしく、「貸した金を返してくれ」と裁判をかけられました。裁判の裏ではこの企業の後継者の方が「変な真似はしない」と言ってくれていましたが、それを機に2000年に実家に戻り家業の酒蔵を継ぐことにしました。

私が戻った当時は、両親とも元気で蔵人を3人雇っていました。年商は3500万円ほどでしたが、売上げの7割が例の地元企業からのOEMでした。取引当初はこの企業が好調だったこともあり、ついていけばなんとかなる状況でしたが、大手コンビニなどの進出で下火になり、それとともに当社の売上げも低下していく一方でした。在庫は9000万円分ほどありましたが、このままではまずいと感じ、「自分で酒を造ろう」と思うようになったのです。人件費の問題もありますが、今では感謝している杜氏を、当時は尊敬できなかったのが何より大きかったと思います。

年に一度、飲み切りという鑑定士による検査があるのですが、ある年の検査でまずいことになりました。火落ちといって酒の中に他の菌が混じり発酵不良で濁った酒になっていたのです。それも大吟醸を含む2本の樽が火落ちになっていました。このままでは蔵がダメになってしまうと、兵庫県工業技術センターの専門家に助けを求めました。するとすぐに火入れ殺菌をする対応をしてい

ただき、なんとか助かりました。火落ちさせるというのは杜氏として最低のこと。高いお金を払っていながら、火落ちさせられてはたまらない。「これじゃあかん、自分で酒を造りたいのでサポートしてくれますか?」と技術センターの先生に教えを請うと「それは面白い」と乗ってくれ、39歳になる年から杜氏に頼らず、自ら酒造りをすることになりました。

自分しかできないアウトローな酒で文化を作る

技術センターでの最初の1年は樽1本分を造るだけでしたが、自ら酒を造るという酒蔵の仲間も誰もやっていないことに取り組んでいたこともあり、3年ほどで「酒造りはわかった」と少し高を括っていたと思います。そもそも酒は杜氏が造るのが普通です。今思うと恥ずかしいのですが、こうやればこういう味になると完全にわかった気でいました。しかし「来年はこうしよう」と思っても、全くうまくいかないのです。5年続けても思った味にならず、ようやく酒造りは難しいと気づきました。

「良いものを造っていたら、そのうち売れるだろう」、「うまくいかないのも、誰かのせい」なんてことも考えていたのかもしれません。状況を自ら変えていこうという姿勢はありませんでした。

しかし、あることがきっかけで前向きに変わることができました。昔、応援に行っていた隣町の木村酒造場という酒蔵が廃業してしまったのです。大きな酒蔵だっただけに、その立派な建物が崩れていく姿を目の前にして「廃業したらこうなるのか。俺もこうなったらどうしよう」と寂しさと恐れを感じていました。

ところが後日、その施設がレストランやホテルに再生されたと聞いて見に行くと、建物が本当に生き返ったように見えたのです。通っていたからこそわかるのですが、「ここをよく残したな」と思えるところがきちんと残されていて、自分の目がパッと覚めたような

酒造りをする安木

感覚になったのを今でも覚えています。そのデザインをされた近藤さんに、これまで妻が担っていたラベルのデザインを頼んでみることにしました。

私も妻も人と同じものは嫌なんです。服でも音楽でもアウトローというか、流行っているものじゃなくて、あえてその外れたところを楽しみたい。そういう自分の中の価値観をたくさん話しました。もちろん酒のことも話しましたが、自分がこう生きたいという部分をじっくり聞いてもらったように思います。

そして出てきたデザインはあっけに取られるようなものでした。これまでもアウトローに外したデザインをしてきたつもりでしたが、むしろそれがこれまでの枠の中に収まっていたことにショックを受けるほどでした。同時に「こんなありえないデザインで酒を造れるのは俺たちしかいない」と思えたのです。それによって吹っ切れたように思います。

将来的には蔵をイタリアやフランスの人が考える「和」の空間にしたいと思っています。日本人の考える暖簾に家紋のようなものではなく、「何これ？」と思うギリギリの感覚のところを表現したい。そういう酒蔵に酒を買いに来る人や、観光に来る人などが集ってきてくれたら最高です。

酒造りは自然とともにあります。その考えは地元の農家の寺田さんとの出会いが大きかったです。自然は思い通りにいかないものです。多分な恵みもくれますが、人を殺してしまうような厳しさも持っています。

私たちは芸術品を作っているわけではないので、「ここまでしたから」といって、思うように出来上がってくるわけではありません。その厳しくもおおらか

銀海酒造のある養父市の山並み

山並みを瓶に配してデザインした稜線ボトル

な自然と折り合いをつけながら、落ち着いた心で酒造りをしていくことが大切なのです。

おそらくその反動で人がやっていないアウトローが好きだったりするのかもしれません。その振り幅が自分らしいというか、人間らしいと思っています。

すべてが神聖なだけでは面白くない。真面目なだけの人間は楽しくありません。私は自分の造るアウトローな酒で、何百年たっても面白いと思える価値観を作りたい。真面目ばかりで文化を狭めたくない。作業着もかっこよく、酒造りを楽しんで、これからの楽しい文化を作りたいです。

地元の有機農家である寺田さん

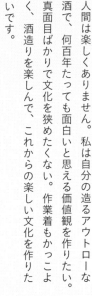

倒産寸前から利益3倍へ

最初の相談から商品が発売できるまで1年ほどかかったが「発売をして、いよいよこれからだ」というタイミングで、売上げの実に6割を占めていたOEM先の地元企業からの受注が半分になるという事態になった。2015年5月のことだった。売上げは落ち続け、仕出し事業も縮小されたようだ。OEMが半分になるということは、売上げの3割が一気になくなるということである。米の仕入れや固定経費などを考えると、いつ倒産してもおかしくないという状況になってしまった。いよいよこれからという時に、最悪のタイミングであった。

しかし、もうすでに腹をくくっていた安木は、地元・城崎温泉での販売はもちろんのこと、大阪、神戸などへも出向き、販路を確実に伸ばしていった。面白い酒があると評判を呼び、東京でも販売が始まった。さらには日本を飛び越え、中国の高級ホテルのバーとも取引が実現した。商品の利益率改善に努めたこともあり、結果的に前年の利益の3倍を残す結果となった。

ここで考えたいポイントがある。なぜこんなに売れたのか、ということだ。デザインが良くなったからだけではない。すべては安木の気持ちのスイッチが入ったからだ。

氷ノ山から流れる水をふんだんに使用し、地元有機農家の寺田の丹精込めて作った米を、自分の手の感覚と勘で仕込んだ、銀海酒造㈲でしか造れない酒。たとえそれが万人にウケなくとも、「わかる人だけわかってくれたらいい」と吹っ切れたことが最大の要因だと考えている。

この地域とともに自分の歩んできた人生を味わってもらえるアウトローな酒を、美味しいと感じてもらえることが安木にとっては最高の喜びであったに違いない。

都会や他地域の人にも、この土地に来て自分の酒を飲んで楽しんでほしいと考えた安木は、酒蔵を改装して酒の直販所を作った。そこは安木らしく、モダンなイタリアの椅子を入れて、「かっこええやろ」と笑っていた。その後も地道に売り続け、現在は地元での販売に力を入れている。

2017年1月、主力な取引先であった地元企業は、売上げ減少を食い止められず、事後破産申請を行い事実上の倒産となった。安木にとっても痛いはずだが、地元農家の米を使って自分らしい酒を、まだ飲んだことのない人に飲んでもらえるよう、努力を続けている。

イタリアの椅子を配置した直売所

case 08

アクティブなライフスタイルを世界に発信する靴下メーカー

昌和莫大小《メリヤス》㈱

奈良県北葛城郡広陵町

- □**課　題**　OEM生産からの脱却
- □**その背景**　靴下業界のコモディティ化
- □**地域資源**　80年の靴下づくりの知識、糸素材の組合せなどのノウハウ
- □**着目点**　スポーツや趣味などのライフスタイル提案
- □**解決方法**　ファッション性と機能性を兼ね備えたブランドづくり

靴下のまち、奈良県広陵町

奈良県北西部に位置する靴下のまち、北葛城郡広陵町。江戸後期、慢性的な水不足から稲作に向いていなかった大和盆地では、「大和木綿」と呼ばれる綿花の栽培が行われるようになった。明治に入り、吉井泰治郎が当時流行りだした靴下に目をつけ、アメリカの編機を導入して大和木綿で靴下づくりを始めたことがきっかけになり、辺りの地

靴下の町・広陵町

主を中心に靴下製造が広がっていった。戦後、ナイロン素材が国産化されてから、その技術力の高さから全国一の生産額を誇る靴下の産地となった。

しかし、バブル崩壊後は円高も影響し、安価な輸入品に押され廃業が相次いだ。そんな中でも、各社が知恵を絞りながら新製品を発売し、人口3万3000人の小さなまちながら、現在も40軒の靴下メーカーが存在する。現在でも国内の靴下生産額の60％は奈良県が占め、その3分の1は広陵町で生産されている。

昌和莫大小㈱は、井上克昭社長（以下、井上）の祖父である井上勝雄が1935年に創業した。綿花の産地であったことから、綿の靴下から創業した昌和莫大小㈱も、時代に即したナイロン素材によるものづくりを導入する。綿よりも伸縮性の良いナイロン素材は、タイツなどの長ものに向いていることから、タイツやズボン下などの主に防寒用の下着を製造して業績を伸ばし、1970年代には大分工場を新設するなど、業績は好調に推移した。

その後、井上の父である井上義郎（元会長）が社長に就任。バブルの後押しもあり大手アパレルメーカーのOEMを受注し続け好調を極めた。また日本靴下工業組合連合会の理事長に就任するなど、靴下業界の振興に寄与した。しかし、バブル期の好調は長く続かず、それどころか1990年台後半から中国などの新興国から安価な防寒用タイツの輸入が増加し、売上げは徐々に減少していった。

再生が進む中、次々に現れる壁

井上が昌和莫大小㈱を継いだのは2003年。バブルが弾け国内景気は低迷ムードの中、靴下業界も起死回生の一手を打てないままであった。輸入タイツ・靴下に押され、国内の靴下価格はどんどん下落していった。3足1000円の販売スタイルが一気に定着し、靴下は生活必需品でありながら、価値を見出せないものとなっていた。

しかし、黒やベージュなど目立たせない色合いのタイツが主流だった90年代から、2000年代後半に入るとカラータイツや柄物、厚手から薄手まで、また脚長効果を期待できるレギンスやスパッツなどファッションアイテムとしてのタイツが流行し始めた。これまでの防寒用タイツでは利益が出ないこともあり、井上もファッションアイテムとしてのタイツに舵を切り始めた。

ところがこれから立て直しをしようという時期に本社工場を火事が襲った。火の手が上がったのが、夜中の無人の時間帯であったことが救いではあったものの、主力である本社工場のほとんどの靴下編機が火災の熱によって使用不能になってしまった。

ファッションアイテムに切り替えていたとはいえ、まだまだ防寒用タイツが売上げの大半を占めていた昌和莫大小㈱において、冬に向けた繁忙期に起こった火災による本社工場の機能停止は相当の痛手であった。会長から、すぐにでも火災で壊れてしまった編機を導入し直すように指示された井上は、「これまで通り防寒用の編機を入れていいものか?」と悩み続けた。3ヶ月悩んだ井上は、路線を切り替えるなら今しかないと、ファッション性の高いタイツを自在に編めるイタリア製ロナティー社の編機の導入を決めた。

国内ではまだ導入が進んでいなかったファッション性の高い製品を作ることのできる編機を使いこなすため、部下である能丸巌に単身イタリア行きを指示した。帰国後、もともとものづくりが好きであった井上と能丸は、OEM先からの無理難題なオーダーにも応え続け、糸の性質や組合せ、編み方のノウハウを学んだ。すると、海外有名ブランドからＯＥＭ生産の声がかかるようになり、百貨店には昌和莫大小㈱の生産したタイツが並んだ。

しかし、２０１０年代に入り、今度はベーシックなファッションが好まれるようになった。東日本大震災以降は高いものが売れなくなったこともあり、海外有名ブランドでさえ値下げせざるをえなくなった。

そのしわ寄せは昌和莫大小㈱に押し寄せた。これまで良い素材を使っていたブランドも、廉価品と変わらないような糸を使い、高級タイツを編んでほしいという要望に変わってきた。高級なブランドを信じて買った消費者が、安物の靴下と変わらない素材を使っていたとしたら、ますます靴下やタイツに対するプライオリティが下がり、いずれ業界全体の低迷を招きかねない。井上はどこか消費者を騙しているような気持ちになり、「こんなものづくりでいいのか？」と自問自答するようになった。

そこで井上は先代が登録していた「ＣＬＥＡＲ」という商標登録を使い、自社ブランドを立ち上げることを決意し、自らが蓄積してきた技術やセンスを活かした高品質の靴下ブランドを展開することを決断した。だが、良いものはできるものの、ＥＣモールに出店するのみで売れ行きは芳しくない。どう売ったら良いかわからない状態が続き、手詰まりになった井上が、奈良県のよろず支援拠点に相談を持ちかけたことから、私たちとの関係が始まった。

突き進むべき、「オレノ」ものづくり

私が昌和莫大小㈱を初めて訪れたのは２０１５年10月だった。そこで驚いたのは、井上自身のファッションを含めたかっこよさであった。スーツを着た真面目そうな社長が対応してくれると想像していたので、井上のファ

ッショナブルで長髪のインパクトに驚きを隠せなかった。

いつものように「靴下、タイツを製造することで、何が喜びであるか？」「社会をどのように変えたいか？」などをヒアリングした。その時、大きく2つの印象を受けた。

一つは「ものづくりへの探究心」であった。

これまでの蓄積はもちろん、糸の組合せ、編み方、それによる着圧がどうであるか、フィット感や履き心地はどうかなど、私の中の「履ければよい」というこれまでの靴下のイメージとは掛け離れた靴下へのこだわりについて聞かせてくれた。「ものづくりで『驚き』を与えたい」という気持ちが非常に強いことがわかった。

もう一つは「発信の不明瞭さ」であった。

靴下はほぼすべての人が着用するものであり、屋内から屋外、高級なものからカジュアルなもの、スポーツシーンから睡眠時の使用まで、様々な用途に対応する製品を作ることができる。様々なブランドのＯＥＭを中心に製造してきた井上は、相手先の要求を超えるものづくりをすることを信条としてきたが、自らの製品づくりがどの方向を向いて良いかわからない状況になっていると感じた。

オリジナルブランド「ＣＬＥＡＲ」の立ち上げの背景にも、実はそのような状況があった。先代が昭和30年代に「俺は俺」「俺の」「ＣＬＥＡＲ」などの言葉で

ロナティー社の機械を駆使

靴下製造をする井上（右）と能丸（左）

様々な商標登録を取得しており、その中で女性が好みそうなものをと選んだのが「ＣＬＥＡＲ」であったらしい。

　これはどの事業者にも伝えているのだが、「売れそうなもの」はあまり売れない。「自分なら絶対に買う」というものでないと売れない。井上はものづくりのプロではあるが、ＯＥＭ生産や靴下という幅広い商品の生産の特性上、自らが目指すものづくりの方向性が不明瞭であった。

　ここで考えたのは「井上らしいものづくり」であった。井上は非常にファッショナブルで、ランニングなどのアウトドアスポーツが趣味だ。それをキーにして展開することはできないかと考えたのだ。

　さらにヒアリングを3回ほど重ねたのち、井上と能丸と食事を交えながら今後の方向性を話し合った。そこで「私はブランドの枠組みなどをデザインするので、実際の商品のデザインはお二人がしてください。お二人が好きなデザインが一番良いと思います」と伝え、SASI DESIGNはディレクター的立場、井上と能丸は商品のデザイナーとして役割を定めた。

　これには意図があった。相手に合わせるＯＥＭではなく、「これが自分である」という井上のものづくり精神を、本当の意味で満足させることが重要だと考えたのだ。そこで新たなブランド名を、先代が取得していた「俺の」という商標の歴史を引き継ぎつつ、もっと井上らしく、ファッショナブルかつ活動的に、という

「OLENO」ロゴ

裸足で走るためのはだし靴下

意味を込めて「ＯＬＥＮＯ《オレノ》」と名づけ、それを所有することで自己表現ができるブランドを目指した。単にお洒落な靴下やタイツなどのレッグウェアブランドではなく、「スポーツ」「トレッキング」「キャンピング」「ＤＩＹ」などのスタイルシーンに応じて、製品を展開していくこととなった。

　特にブランド立ち上げ以前から、奈良県や地元大学などと連携して進めていた、裸足で走ることをサポートする破れない靴下「はだし靴下」をブランドの目玉にした。現在、海外を中心に、裸足でランニングすることで本来の足の機能を最大に引き出すベアフットランニングが盛んである。高機能のシューズに頼りきると、足本来の機能を低下させることがある。そこで生まれたのが「はだし靴下」だった。防弾チョッキにも使用される糸を使用しており、公的機関の検査では、通常のソックスの７００倍以上の強度を発揮し、足を守ることのできる画期的な商品である。現在はベアフットランニングだけでなく、ビーチスポーツやサーフィン、さらには子供の足育にも使用されるなど、裸足での活動を提案している。

　また、靴下以外にも、靴下のフィット性と、気化熱で熱を奪い取る特殊な糸の機能を利用し、アウトドアやグランピングなどで使用する「ボトルクーラー」という商品も展開した。井上がキャンプもワインも好きなことから考案されたもので、水に湿らせてワインに被らせるだけで、保冷が可能であるワインクー

気化熱を利用しボトルを冷やすボトルクーラー

子供の足育にも使用されている

ラーとして使える商品だ。

　こうして、「Fashion, Function」というコンセプトで、活動したくなるファッショナブルさと、活動をサポートする驚きのある機能を兼ね備えた「ＯＬＥＮＯ」ブランドを立ち上げるに至った。このブランドは井上自身であり、その世界観とものづくりへの姿勢に共感する人を作っていくためのプロジェクトであると考えている。

井上自らモデルとなり登山の撮影を行った

Interview

昌和莫大小㈱代表取締役

井上克昭

何の疑いもなく靴下製造業の跡取りに

私は奈良県広陵町で靴下製造業の跡取りとして生まれ、常に祖父と一緒に居る、おじいさん子でした。祖父は自分で興した会社を養子である父に50歳で早々と譲りました。「編機は買うて入れといたぞ、支払いは手形やから頼んだぞ」と言って引退したそうです。厳しい祖父でしたが「お前の父親は真面目でようやっとる」と、いつも父親（元会長）を褒めていました。

広陵町は日本最大の靴下産業の産地であり、今でこそ40軒ほどになってしまいましたが、私が小学生の頃は家内制手工業のような形態も含めると、２００軒は靴下関連会社がありました。友達の家はセット屋、編みたて屋と町自体が靴下産業の集積地であり、靴下製造の会社を興した祖父が好きであった私は、初孫として靴下会社を継ぐということに何の疑いもなく学生時代を過ごしたように思います。

その後大学に進学するも、学業が面白くなく早々と中退。18〜19歳の頃は、あまり大きな声では言えませんが、かなりヤンチャもしました。当時も実家に住んでおり、可愛がってくれた祖父の姿を見て「こんなんしてたらあかん」と20歳を前に改心したのを覚えています。

そして１９８４年に家業の靴下製造業である昌和莫大小㈱に入社したのです。入社当時の会社の売上げは5、6億円と現在の倍近くありました。当時は防寒用のタイツや靴下がメインの商材で、大阪の繊維問屋で販売するなど、ファッション性などは問われない時代でした。バブル期には通販などの大手販売会社の要望に応えてついていくことで、売上げは最高10億円まで伸びました。大手の仕事をするだけで1件あたり2億円の受注額をいただくなど、めまぐるしい時代でした。当時は経営には関与せず、とにかくがむしゃらに目の前にある仕事をしていく、仕事を取る修行をしているような気持ちでした。

順調だった会社経営も存続の危機に

もともと防寒用として発展してきた靴下業界も、バブル期は大手の力も借りて大きく盛り上がりましたが、良い時代はそう長くは続きませんでした。バブルも終焉を迎える1992年ごろから、物流面の向上もあり中国を中心としたアジア諸国で生産されたタイツや靴下が輸入され始め、低価格競争が激化し始めました。当時のタイツはももひきのように白やベージュなどが基本で、見せるものではありませんでした。

新しい流れとして、チャコールやネイビーなど見せてもいいようなタイツや靴下が出てきたのもこの頃からです。会社もこの路線に舵を切り、見せられる靴下の比率を高めていましたが、防寒用がメインであることから抜け出せないままでした。

私が社長に就任したのは2002年です。経済はデフレ真っ只中、安い輸入タイツが市民権を得ていました。さらにパンストなどに押され、売上げは一気に落ちました。若い人たちにとって、綿混のもそもそしたタイツよりも、70、80デニールの薄めのパンストの方が履き心地も良いし、何よりファッション的にも良かったのでしょう。それを目の当たりにした私は、やはりファッション的要素を取り入れないと食べていけないと考え始め、新しくイタリアの編機を入れようと決意しました。自分自身もファッションが好きで、作るのもその方が面白い。「どうやって作ったの？」と驚かれるようなものづくりをしたいと思っていた矢先のことでした。

2005年7月の暑い夜、工場の靴下編機のコンデンサーから出火しました。もうもうと炎が上がったわけではないのですが、掛けていた時計も高温で溶けるほどでした。

工場火災からの再生。必死の決意

ほとんどの編機はダメになり、売上げが低下している最中に1億数千万円の損害を出すことになりました。7月はメインである冬物の生産時期にあたり、九州工場はあったものの、その時期に本社工場がストップしたのは大きな痛手でした。その時は父親からも叱責され、目の前の事実に「もうあかん」と本気で思いました。

毎日顔を合わせるたび、早く編機を入れるように言われましたが、私はすぐに発注しませんでした。父のプレッシャーのなか、「燃えたからといって、同じものを入れてもこれまでと同じだ。状況を変えないといけない」と、3ヶ月ほど悩みました。

すでに輸入製品に押されていた日本市場では、国内編機メーカーも技術的に新しいものがありませんでした。何か新しいものはないかと考え、イタリアのロナティー社の編機を本格的に導入することにしました。ファッションの先進地の機械だけあって、日本の防寒用靴下編機とは全く違い、パソコンでパターンを描けば、自由自在にデザインできる機械でした。もともと嬉しがりの派手好きだった私は悩んだ末「これに賭けなければ生きていけない。オレの道はこれだ」と覚悟をしました。

しかし機械を導入しても、パソコン技術などを駆使して自由にデザインできるように使いこなさなければ意味がありません。海外嫌いの能丸部長を呼びつけ、イタリアでの研修に行くように指示しました。もう後がなかったので『yes』か『はい』かどっちや?」と迫り、無理矢理、単身イタリアに飛んでもらいました。

そこからは製品の質が全く変わりました。自分たちが欲しいと思えるようなファッション性に富んだデザインの製品ができるようになり、もともと創作が好きだった私は、「こんなものもできます」と様々な提案をしていきました。おかげで大手アパレルブランドから様々な発注をいただけるようになり、百貨店で自社の製品がずらりと並んだのを見て誇らしげに思うようになりました。もっとハイグレードな商品を作って、売り場を埋め尽くしたいという意識でチャレンジしていると、いろんな取引先から声がかかるようになり、その要望に素材の組合せや技術で期待を超えようと仕事に打ち込む日々が続きました。

ファッションに賭けて、なんとか売上げも維持してきましたが、東日本大震災の頃からものが売れない時代になり、大手ファッションブランドから「これまで3000円で販売していたタイツも2500円にしないと売れない。3足1000円でできるような素材で作ってくれ」というオーダーが続きました。

そんな状況に「ブランドマークだけつけてお客さんを騙している」と憤りを感じるようになり、自分たちで商品を販売したいという想いが強くなってきました。これまでの技術の蓄積や素材の組合せの知識を活かせば、ものとして絶対に負けない自信はありました。しかし、うまく進まず、ブランドづくりの専門家であるSASI DESIGNを交えながら検討を始めることにしました。

その中で感じたことは、「靴下だけでなくライフスタイルを作っていく」という見地が広がったことです。我々は靴下産地の広陵町で80年の歴史がある会社です。これまで作ってきたタイツや靴下などのレッグウェアから脱し切れていなかったですが、我々の持っている技術を活かし、ライフスタイル全般に広げて考えていいんだと感じました。

歴史だけでなく、チャレンジを続ける中で蓄積してきた技術、様々な要望に応えてきた中で培った糸の知識と組み合わせ、また最新の編機を使いこなすノウハウは、我々にしかない強みです。それを活かして、「こんなものもできる」という、お客さんがびっくりするようなものづくりをしていきたいと考えています。

今思えば、あの時、工場の火事がなかったら、うちの会社はとっくに潰れていたかもしれません。悩みに悩んで、自分の好きなファッションに振り切ることができたから、今もチャレンジできるのだと思っています。今では、悩んで導入した編機メーカー・ロナティー社の御曹司も視察に来てくださったり、極東エリア担当者が「お前のところが世界一の技術だ」と言ってくれるようになるまで、編機を使いこなしていると自負しています。今後は新たなブランドで我々のものづくりをダイレクトに

気化熱を利用したボトルクーラーの使用実験

お客様に届けたいと考えています。

父親がその昔、商標登録をしていた「俺の」を受け継ぎ、ファションやライフスタイル商品を創っていく「OLENO」ブランドの海外展開も視野に入れ、なんとか事業を安定させ、この会社を息子に渡せるように頑張りたいと思います。

いきなりのメディア露出と販路拡大

新たな取組みスタートから1年半後、２０１７年2月にニューヨークの展示会で、ブランドデビューを果たした「ＯＬＥＮＯ」。「靴下のまち奈良県広陵町から世界に」という想いのもと、奈良県からのサポートを受けてデビューの地として選んだのがニューヨークだった。出展が決まると「はだし靴下」や「ボトルクーラー」のインパクトもあり、民放各社やＮＨＫからひっきりなしに取材依頼があった。メディアの影響は大きく、自社ＥＣサイトは順調に売上げを伸ばしている。

また、ビーチアルティメットというビーチで行うフリスビー競技のショップからも取扱いや卸の依頼があるほか、海外からの引き合いもある。デビューしたばかりで売上げの規模はまだまだであるが、井上のキャラクターとそれを体現するようなＯＬＥＮＯブランドは、確実に一定の層に響いてきている。

何より変わったのは、昌和莫大小㈱自身が「これが『オレノ』ブランドである」と主体性を持ったことだ。それは「会社の規模はコンパクトになったとしてもよい。それよりも自分たちのこだわりを詰め込んだものづくりの価値が世界の人々に伝わるような会社を作りたい」という言葉に表れている。

ビーチアルティメット世界大会で使用される

国内初めての展示会に出展したOLENO

case 09

地場の竹産業を武器に世界へ発信

近畿編針㈱

奈良県生駒市

□ **課　題**　編み物ユーザーの高齢化と市場の先細り
□ **その背景**　編み物自体の魅力が伝わらない
□ **地域資源**　地元に根付いた竹産業と100年受け継いだ加工技術
□ **着目点**　編み物をすること自体をかっこよくする
□ **解決方法**　編み物をする豊かな時間の演出をメーカーとして提案する

継ぐ気はなかった100年の歴史

奈良県北部に位置する生駒市北端に、茶筌《ちゃせん》や茶道具、編針などの竹製品で知られる高山地区がある。そこに本社を置くのが近畿編針㈱だ。1916年に尾山卯之吉が、着物などの反物を染める工程で、生地のたるみを防ぐために使用する棒状の伸子《しんし》を製造する工場として創業した。まもなくして、竹のしなやかな弾力と手になじむ自然素材の竹編針を試行錯誤して開発し、現在に至るまで100年以上製造を続けている。

竹編針はしなやかで軽く素早く編めることから、古くから世界中に多くの愛好家を持つ。日本で成長する竹は良質とされていて、近畿編針㈱は数ある竹の種類から、孟宗竹と真竹を厳選し、さらに独自の高温高圧処理を行い、天然の植物蝋で磨いた製品を国内外に広く販売している。

現在は世界で活躍する日本の企業としてテレビ番組で特集を組まれるなど、日本国内だけでなく欧米などにも広く愛好家を持つ近畿編針㈱だが、これまでの100年は決して平坦な道ではなかった。1950年代には本社工場が火事で全焼し、一時廃業寸前にまで追い込まれた。1980年代からは高齢化とともに国内で編み物を手がける人口が減り始め、現在では国内ユーザー数は10分の1以下になってしまった。

そんな中で創業者の孫である尾山恭子（以下、尾山）が事業承継を行うのは大変であった。かねてよりファッションや洋服が趣味であった尾山は、事業を継承する兄がいたこともあり、ファッション繊維業界に就職した。兄が家業を継ぎ、順調に事業が承継されたかと思った矢先、その頼りの兄が病気で他界してしまう。このままでは祖父が築いてきた会社が存続の危機であると考えた尾山が会社に入るも、今度は父親が認知症を患ってしまう。製品の製造などの技術や職人は引き継いだものの、得意先や経営状態などは一切十分に知らされないまま、事業を承継することとなってしまった。それでも、天性の勘を持ち、怖いもの知らずの尾山は、自ら顧客リストを調べながら、これまでの生産技術を活かしたOEM生産を確実に伸ばしていった。

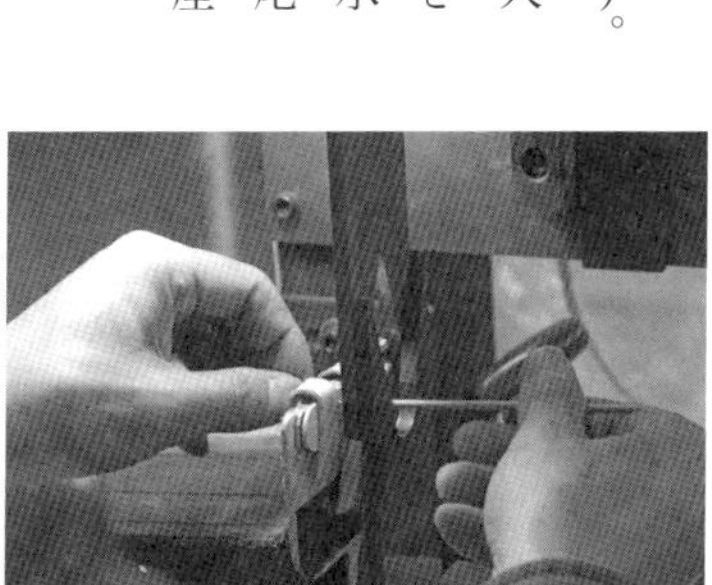
一点一点職人が手作りする編針

創業者の尾山卯之吉（左）

実は理想的だった事業承継の形

奈良県よろず支援拠点の紹介で、私が初めて近畿編針㈱に伺ったのは2015年の冬。翌年の100周年に向けて、自社ブランドを改めて作りたいという依頼であった。ヒアリングを始めた頃には、すでに海外展開をしており、北欧を中心としたヨーロッパと、アメリカなどでの販売が主だった。

近畿編針㈱に伺う直前にテレビ収録があり、事前資料として奈良県からいただいていた番組の様子を見て驚いた。日本の伝統技術を使って、広く海外で愛用されている製品を作る会社の特集であったが、フィンランドで近畿編針㈱の製品が愛用されており、そのユーザーが竹を使った編み物の使いやすさを語っていた。それまで編み物に無縁であった私は、編針が日本で生産されていることも、一定の市場があることも知らなかった。海外のニットデザイナーが愛用している場面を、近畿編針㈱の社員が感涙しながら見ているシーンを目にして、これだけの技術を持ってすでに海外でも販路を広げつつある会社に何ができるだろうというのが正直な感想であった。

尾山は未来志向で業界にイノベーションを起こしたいという想いに満ち溢れていて、まるで創業者のような意識に感じられた。今思えば、父や兄からの引き継ぎが十分でなかったことが、かえって理想的な事業承継につながったのかもしれない。

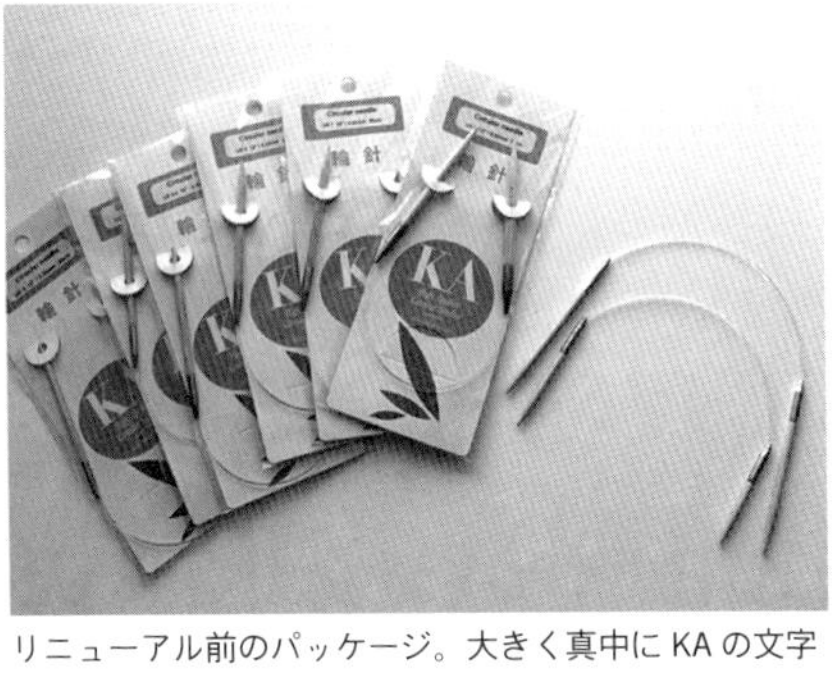

リニューアル前のパッケージ。大きく真中にKAの文字

尾山から聞かされた構想の具体的な内容は「海外展開」と「デザイン性にこだわったブランドづくり」だった。「海外展開」に関しては、現在「ＫＡ《ケーエー》」という自社ブランドですでに始めている。ＫＡはKinki Amibariの略称ということだが、実はKinky《キンキー》という言葉は、英語圏の人にとっては非常に好ましくない意味を持つ単語であり、kinkiと表現することを避けたかったそうだ。

一方、「デザイン性にこだわったブランドづくり」は、デザイン性を高める表現で、国内の編み物業界のイメージを変えたいというものであった。消費者人口が減っていく中で老舗企業が打つ手として多いのは、培ってきた技術を利用して、新たなデザイン性の高い商品を作ることだ。この方が現在の消費者に響きやすく、高い技術力を違う商品に転換することで差別化を図りやすくなる。しかし尾山は違った。「編針の技術を使った違う商品開発はしないのですか？」と聞いたところ、尾山を始め常務を務める息子や、ミーティングに参加しているスタッフ一同、皆が口を揃えて「編み物をおしゃれにすることで、イメージを変えたい」と答えた。それを聞いて、編み物に対する誇りを感じた。

解決しなければいけなかった2つの課題

課題は「ブランドの名前をどう変えるか」と、「ブランドとして何を伝えるか」であった。難しいという当初の予感通り、リブランディング（ブランドを再構築する）に2年を要した。そのうち1年は新たなブランドの名前を決めることに使った。

この2つの課題に通じるのが、「我々は何を提供しているのか」を明らかにすることであった。単に良質な編針を製造販売しているというだけではなく、ブランドが何を目指しているのかを突き詰める必要があった。尾山や常務のほかにも、国内販売、海外販売、製造、総務などそれぞれの担当者を交え、会社の強みや事業の目的、ライバルの動向、また編み物業界をどう変革していきたいのかなどについて何度もディスカッションした。

その中で様々なブランドネーム案が出てきたが、最終的にSeeknit《シークニット》という名前になった。近畿編針㈱の竹編針は良質であることに定評があるが、ライバルの大手メーカーも、いかにも「品質にこだわりあり」というネーミングをし、その良さを伝えるウェブサイトやパンフレットを作る中で、品質に関して徹底的に違いを出していく必要があった。尾山は「編み物をして、出来上がってくるものがかっこよくないと、誰もやりたいと思わない」「編針は道具として大切だけど、編み物をすることが楽しくないといけない」と常に話していた。そこからＳｅｅｋ（探求する）とＫｎｉｔ（編み物）という言葉を組み合わせ、編み物自体を追求するという名前を付けた。道具はもちろん毛糸や、編んでいる時間や空間など、編み物をすることが楽しくなるためにメーカーとしてものづくりを探求するという意味を込めた。

すでにＫＡが流通していることを考慮し、ＫＡブランドも上位階層に残し、Seeknitが浸透してきたところで、そのブランド自体を切り替えることにした。あとはその世界観を「伝える」だけである。メーカーとして、編針自身の良さや歴史に裏付けされた技術などのほか、「編み物をしている豊かな時間」

編み物のある豊かな時間を追求する Seeknit

を伝えることに注力した。編み物している人が何時にどんなことをしてゆっくりとした時間を過ごしているか、というストーリーを前面に出したパンフレットを作った。パッケージも、包装としてだけでなく、編針の収納ケースとして利用でき、その収納する所作がいかに美しいかということを検討して、細部にまでデザインをこだわって完成した。尾山の業界を変えたいという想いが伝わったのか、パッケージを刷新しウェブサイトもリニューアルすると、これまでのニットユーザーがこぞって「Seeknit がかわいい」とSNSに投稿してくれるようになった。

2年以上かけてリブランディングを完了し、100周年を迎えた近畿編針㈱。まだまだこれからが本番である。これまでのユーザーだけでなく、編み物自体の印象を変えていき新たなユーザーの確保に踏み出したところだ。

編み物と暮らす時間をイメージを表現

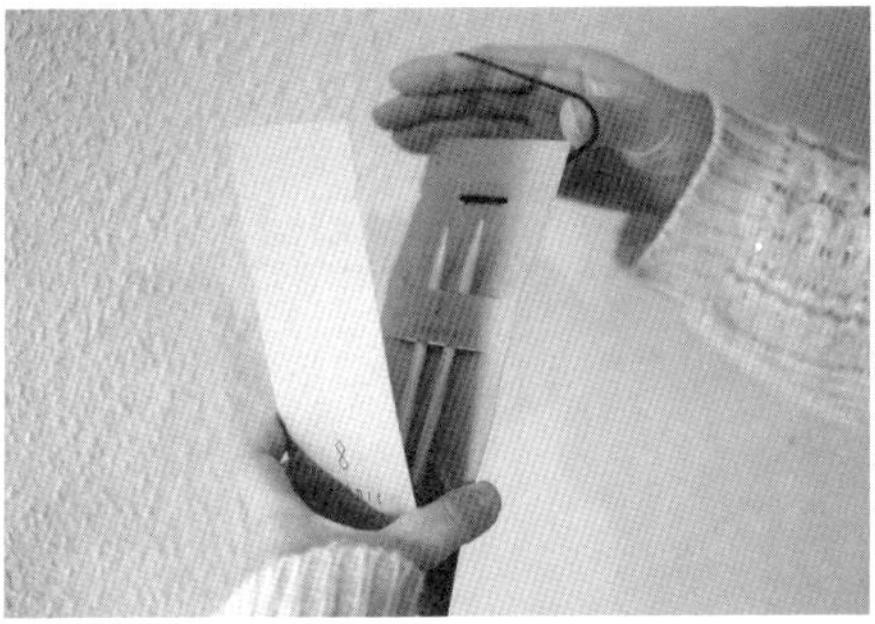
編針をしまう所作も含めてスマートに

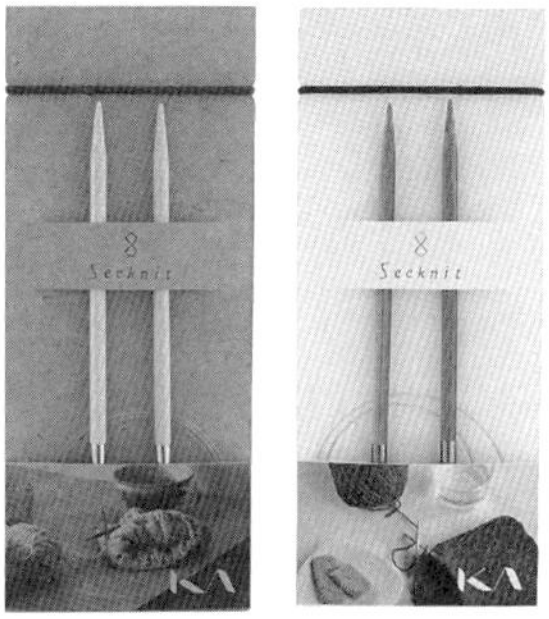

収納しにくい輪針ケースにもなるパッケージ

Interview

近畿編針㈱代表取締役社長
尾山恭子

家業を継ぐ時にバトンは渡してもらえなかった

私たちは100年ほど前から竹素材の編針を製造しています。祖父が始めた会社で、もともとは伸子《しんし》という着物の反物を染める時に伸ばすための竹串のような道具を製造していました。創業当時は伸子だけを製造していたのですが、間もなくして竹のしなやかさを利用した編針を作り始め、やがて編針の製造を専業としました。

成人した兄が家業に入りましたが、少しすると調子が悪いと言いだし、調べてみるとB型肝炎でした。病気がわかってから5年くらいは仕事をしていましたが、入退院の繰り返しで、その10年後くらいに亡くなってしまいました。兄が42歳で私が40歳の時でした。

家業を継ぐつもりではなかった私は、好きだった洋服のパターンの仕事をしていましたが、その時、兄の友人が「家業の仕事に入った方が良いん違うか？」と言ってきてくれ、特に自分のためにとは思わなかったのですが、「それもそうかな」と思って家業に入ることにしたんです。

当時は、兄の家族も一緒に仕事をしていました。編針の製造を父や兄家族と一緒にするとややこしくなりそうだったので、私は知人の紹介を受けて複写機やプリンターの一部を組み立てる新事業をスタートさせることになりました。機械のことなんて何も知らないけど、なんとかなるだろうと思ってました。

しばらくすると、父が認知症になって、また会社の状況が変わりました。その後も様々な紆余曲折があり、結局私が家業を継ぐことになりました。もともと父は誰かに何かを教えるような性格ではなく、その上認知症になったので、家業の引き継ぎは全くありませんでした。ほんとに何の「バトン」もなかった状況です。お得意様も、1件も紹介してもらえませんでした。

それまで編針の事業に関わっていなかったこともあり、

編針の市場はもちろん、会社の売上げなど全くわかっていませんでした。しかし、なんとかしないといけないと思い、とりあえず会社にあった名簿を頼りに一軒一軒お得意様を回ることから始めました。

業界ピークが過ぎてからの挑戦

編み物の業界が全くわからない中で、父からバトンをもらうこともなく継ぐことになった家業ですが、祖父が始めた会社でしたし、「やりようによっては、なんとかいけるん違うかな？」と考えていました。

現在の編み物業界では、50～60代のユーザーは若手と言われており、私が継いだ当時も、30代で編み物をしている人は、ほとんどいなかったように思います。編み物が流行ったピークはとっくに過ぎていて、売上げも良かった時の半分くらいに落ち込んでいました。

そもそも、業界そのものがダメになってしまったのは理由があると思います。あまり大きな声では言えませんが、「良いもの」を見せないと、誰も編み物をする気にならないとずっと思っていました。当時の編み物業界は、出来上がってくる作品もひどいし、編み物を教える側の凝り固まり方もひどかったです。私としては、編み物をやりたいという気持ちになれないどころか「時間とお金をかけて、なんであんなにブサイクになるんやろう」と思っていました。

また逆に、やりようによってはなんとかなるんじゃないか、という勘が働いたのかもしれません。変な話ですが、家業をやりたくなかった理由と、やったらなんとかなるという理由が同じだったんですね。だからこそ、おしゃれで良いものを見せるともっと良くなるんじゃないかと考えていました。

そして、私が家業を継いだ1、2年後に息子（現・常務）を会社に入れました。私は服が好きで、前職でもパターンを作っていたので、洋服のことはわかっていました。息子は車が好きで、

創業以来培われた竹を活かす技術

機械も得意にして印刷機械関係の仕事をしていましたので、どんな機械を入れたら良いかなどは息子に任せればなんとかなると思いました。仕事の状況もよく話していましたし、「あんたもやっとかなあかんやろ」と勧誘しました。祖父の代から始めた会社でしたし、潰したらもったいないという想いが強くありました。

業界そのものを、かっこよくしたかった

私は編み物をかっこよくしたいと思っています。ただ、編針は当然重要ですが、それだけではアピールが弱い。そこで２００５年からデザイン性に優れた海外の毛糸の輸入販売を始めました。編み物の「見かけ」から変えたかったのです。もちろん、良い作品を作るには、良い道具が必要です。そこでユーザーの声を聞きながら、良い製品を直接ユーザーに販売しようと考えました。利益率も大いに影響していました。

当時から各社の編針のＯＥＭ生産を請け負っていましたが、得意先に営業に行くと、偉そうな態度で値切られるんです。必死に得意先を回ってそんなアホなことないわと思っていました。やはり自分たちの商品は自分たちでお客様に直接売らないといけないと考えるようになりました。

うちの強みは、自社がメーカーとして実際に編針を作っていることです。ＯＥＭ先からは、国内シェアの大きい大手メーカーの製品よりも品質が良いと褒めていただいていました。だからこそ、しっかり自社ブランドを持ち、インターネットなどを通じて自分たちでユーザーに直接販売して、その声を聞きながら販売していきたいと思うようになりました。

そこでSYUGEI《シュゲイ》というECサイト、店舗を作り、大手百貨店などでワークショップを行い、ユーザーに直接販売するスタイルを始めました。「メーカーである」ということで、自分たちの思った通り製品を作り、売ることができるし、その自由度が高いと思っています。

竹編針を世界へ、ファッションショーをするのが夢

もともと生駒市は、竹産業が盛んな地域です。地場産業として、一番格式が高いのが茶筅で、「高山茶筌」は国

の伝統工芸品として指定されています。二番目は茶道具で、「高山茶道具」は、奈良県の伝統的工芸品として指定されているんです。こういった産業に比べると、編針は地味な存在ですが、「竹」という素材が利用できる地場の力は大きいと思います。

樹脂製や金属製などの編針もありますが、そういった素材では世界で勝負するのは難しいと思います。素材にアドバンテージがなく、他社と差をつけにくい素材だからです。その点、私たちは竹編針を作り続けていることもあり、竹の特性を活かし、人の手になじみやすい編針を製造しています。

地域資源でもある竹を活かした編針として、自社ブランドでヨーロッパやアメリカなどに竹編針のメーカーとして、自社ブランドの販売を行っています。海外の販売代理店と連携して、自社の編針を世界に広めたいと考えています。竹編針は「日本製が一番」と言ってもらえるように世界で勝負できる商品を作っていきたいです。

わが社は2016年に100周年を迎えました。私が本格的に家業を継ぐことになってからは、「編針メーカー」としてだけではなく、輸入ものの毛糸や編み物の他の道具も扱うようになり、「生活の中で、編み物をしている時間そのもの」を豊かにしたいという気持ちで事業を作ってきました。編み物をすることがかっこいいことなんだという文化をメーカーとして作りたいと思っています。まだまだやりたいことがありますが、まずは皆さんに編み物を面白がってもらえるように頑張りたいと思います。

将来は工場付近にアルパカや羊を飼って、糸から作ったり、編針の製造も、原料の竹の栽培からやったり、行き着く先は、編み物のファッションショーでもできたらいいと思っています。

地域資源の竹を活かした編針

１００年を超えても尽きない挑戦

１００周年を迎えた２０１６年12月。東京駅の隣にあるＫＩＴＴＥ内でブランドデビューお披露目の販売会を行った。編針を中心としたラインナップではあったものの、これまでの歴史やSeeknitのブランドストーリー、竹編針ができるまでの工程などを展示し、その隣ではワークショップを交えて販売会を行った。売上げは予想をはるかに超え、予算の3倍という数字が上がった。

２０１８年1月には、ＩＴＯというドイツの有名メーカーとコラボレーションするなど海外向けの事業に活発に取り組んでいる点が評価され「奈良県海外展開リーディングカンパニー」として表彰された。同年3月にはドイツ・ケルンで開催された見本市にSeeknitとして初出展も果たしている。国内においても「&Seeknit」というエントリーモデルを作り、革・毛糸・編針のセットでアクセサリーやインテリア商材を展開し、これまで編み物をしていなかった人にアプローチしていく予定だ。

今なお挑戦を続けている尾山は、テレビや雑誌、新聞などメディアへの露出も多い。古い業界だからこそ、想い次第でどんどんチャレンジできる。創業者のような想いを持った尾山だからこそ、この業界を変えていけるのだ。

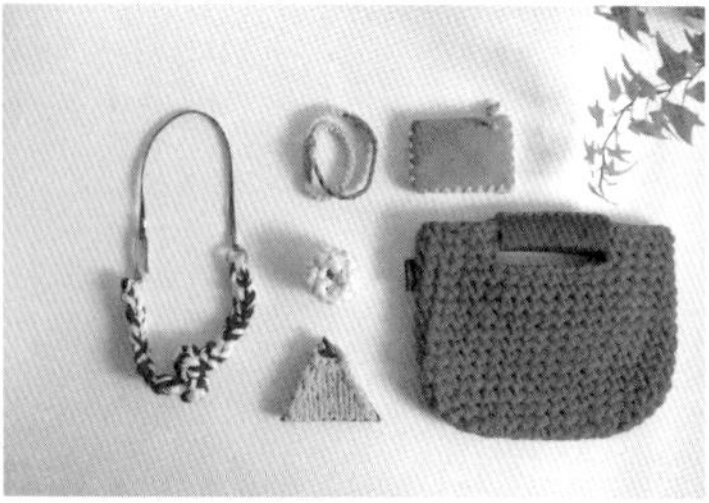

新たな販路を作る &Seeknit

奈良県海外展開リーディングカンパニーに選ばれる

case 10

地場産業の若手が創る地域ブランド

多可播州織ブランドプロジェクト

兵庫県西脇市、多可町

□**課　題**　輸入品台頭による価格下落
□**その背景**　新興国の安価な生地に対抗できない
□**地域資源**　先染め技法による220年以上続く織物技術と産地内の連携
□**着目点**　先染めによる耐久性と手仕事による安心なものづくり
□**解決方法**　新たな播州織と呼べるブランドのルールづくりと、グループ間の競争による切磋琢磨

かつて繁栄した地場産業、生産額が10分の1に!!

兵庫県西脇市、多可《たか》町を中心とした北播磨地域の地場産業である播州織。宮大工であった飛田安兵衛が江戸時代中期の寛政4（1792）年に京都・西陣の技術を持ち帰り織機を作ったことが起源とされる、220年以上続く地場産業だ。その最大の特徴は、糸を先に染め、染め上がった糸を織っていく「先染め織物」である。

播磨国は比較的温暖な気候であり、綿花の栽培に適していたことから、綿花を原材料にした織物産業も次第に広がっていった。また中国山地から播州平野に向かって加古川や杉原川、野間川などの河川が流れており、染色

業に欠かせない水資源も豊富で、地形の面でも織物産業に必要な資源が整っていた。

大正時代からは輸出路線を取り、東南アジアなど海外に販路を広げていった。昭和に入っても、業者数や生産額を大幅に伸ばし、アメリカにも市場を開拓していった。機械が一度「ガチャ」と動くと1万円儲かるほどの空前の好景気を迎え、「ガチャマン景気」と呼ばれた。

しかし、オイルショックや途上国の技術向上などにより、徐々に売上げに陰りが出るようになる。そして1985年のプラザ合意による急激な円高の影響を受け、輸出中心であった産地は大きな打撃を受けた。

北播磨地域は現在でも国内において、先染め織物のシェア70%を保持し、これまで多かったシャツ地だけでなく、先染め独特の風合いや、豊かな色彩を活かしたストールやハンカチなど様々な製品が販売されている。そうした新しい動きはあるものの、かつてのピーク時に比べると1割ほどの生産額にまで落ち込んでいる。

輸出中心であった路線を国内向けに変えた今でも、中国を始めとした新興国の似た生地との明確な差別化が図れず、国内市場においても苦戦を強いられている。産地は営業と製造企画を担う産元商社を中心に、染色・サイジング・資材調達・織布・加工などの事業者が分業することで成り立っ

1980年代から響き渡る機械音にも陰りが出始めた

ている。そのため機屋《はたや》と呼ばれる実際に織物を織る事業者も、最終的に生まれた製品が誰の手にどのように渡っているのかわからないという状況であった。

安価な新興国の生地に押され、手間賃もギリギリになる中、八千代町（現・多可町）の機屋が集まり、自らがものづくりを行う「八千代ものづくりグループ」が発足し、八千代町（当時）商工会などのサポートのもと、様々な勉強会を行い、自らのものづくりを進めていった。しかし、２００５年に多可郡中町、加美町、八千代町が合併し、多可町となったことを機に、同グループの活動は休止した。

それでも、「これからもずっと続く産業にするために、個ではなく協力しあって新しい活動を」という多可町八千代区の野間織物組合の理事の声が発端となり、20〜30代の後継者世代が同グループを引き継ぐことになった。

２０１１年からは小円織物、善徳織物、笹倉政芳織布、コンドウファクトリー、川上織物、橋本裕司織布の６社の機屋の後継者が集まり、「Ｎｅｘｔ《ネクスト》」（のちに Banshu-ori Next Japan に名称変更。以下、ネクスト）という名前で新たに活動を始めた。

機屋の若手グループ「Banshu-ori Next Japan」のメンバー

地域ブランドの難しさ

私が多可町商工会の依頼で「多可播州織ブランドプロジェクト」を推進するためにネクストのメンバーと初めて関わったのは、２０１６年の夏であった。これまでの活動の成果として、９月に行われる東京の展示会への出展を目指しており、どのような方法でアピールするのが良いかという相談を持ちかけられていた。展示会は１ヶ月半ほど先に迫っているのにもかかわらず、方向性が定まっていなかったのだ。

それは、後継者とはいえ事業者の考えが少しずつ違っていたためだった。これまでも試行錯誤を重ねながら、各々に新たな地場産業ブランドを作ろうと挑むものの、平織りやドビー織り、ジャカード織りなど多様な織り方がある中、事業者によって得意不得意がある。また、最終的な製品を流通させたい者や、生地売りをしていきたい者など、目指したい方向性についても様々な考えがあった。このような形で意見が食い違うことは、地場産業グループなどのブランドづくりでよくある話である。

一般的に地域ブランドを育てていくことは非常に難しい。様々な事業者が集まり、船頭多くして船山に登ることになりやすいためだ。かといって、それぞれの事業者の想いを互いに妥協した形で方向性を見出しても、何の魅力もない。

一番多い失敗例が、有名デザイナーに頼った製品開発を伴うブランドづくりである。地域の歴史、これまでの資源をデザイナーとともに整理するところまではいいが、技術も設備も財務状況もそれぞれ異なる事業者たちに、デザイナーが各々の事業者向けのデザインを施し、それらをまとめて地場の新ブランドとして発表する。有名デザイナーが手がけることで、メディア露出などもあり、ブランド自体は有名になることもあるが、やがて売れるものと売れないものに差が出てくる。元々は地域のために始めたことなのに、組合の中で「あいつだけ売れてうちは……」という不満が募り、離脱者が出てきて崩壊することがある。

また地場産業グループの販路開拓への取組みには補助金が付きやすいことも、うまくいかない原因の一端となっている。補助金を使い、有名デザイナーやコンサルタントを雇って、その指示に従って地場産業の販売展開を進める。事業者の想いはバラバラなまま、次第に補助金を取ることが目的となり、その補助金がなくなると自然的に解散となることもしばしばある。

後世に残したいものを決める

展示会まで時間がない中、「播州織とは何なのか？」「僕らの目指しているものづくりはどこにあるのか？」と難しい自問自答を重ねて内容をまとめないといけない。そこで商工会の経営指導員、本庄尚哉（以下、本庄）に、「もう時間がないので、泊まり込み覚悟で、ブランドコンセプトを作るためのミーティングをしましょう」と持ちかけた。商工会という組織の立場もあり、少し無理があるかと思ったが、本庄は「面白そうですね」と快諾。この展示会をなんとか成功させたいという本庄の本気度が伝わってきた。

今回の展示会には、ネクストのメンバーに加え、播州織でブラウスなどを製造する高邦商事㈱を合わせた7社で挑むこととなり、多可町商工会の本庄、上司の後藤とともに夜通しでミーティングを行った。まずはメンバーの前で、各々の作っている製品のプレゼンテーションをしてもらうことにした。意外なことに仲間内でも自社製品のプレゼンテーションは初めてだったそうだが、仲間に確認しながら、自社の強みなどを共有した。その後「播州織の良さ」を思いつくまま付箋に書き出してまとめていくワークショップを行い、織り方や素材など無限にある播州織の輪郭を浮き彫りにし、これから目指していく播州織のルールを決めることにした。

　これまで何度も「播州織とは何か？」という問いについて考えてきた産地であったが、まだ確かな答えが出ていない。「産地全体というよりも、私たちが大切にしたい播州織の定義を決めよう」と声をかけると、「播州で作っていることが重要」「最終的には誰が作っているかが重要」などと活発に意見が飛び交った。それをまとめて、これまで当然のように行ってきたことの中で、特に後世に残したい大切な要素を４つに絞り込んだ。

1　天然素材１００％（うち80％は綿）を使用していること
身体に優しい天然素材を厳選して使用。ホルムアルデヒドなど有害物質は一切不使用

2　播州地域で、染めから織り、生地仕上げまでを一貫製造していること
播州の高い品質基準をクリアした良質な織物を提供

3　２２０年の伝統を誇る先染め製法で製造していること
色落ちしない、高度な色の再現性による絶対の安心感

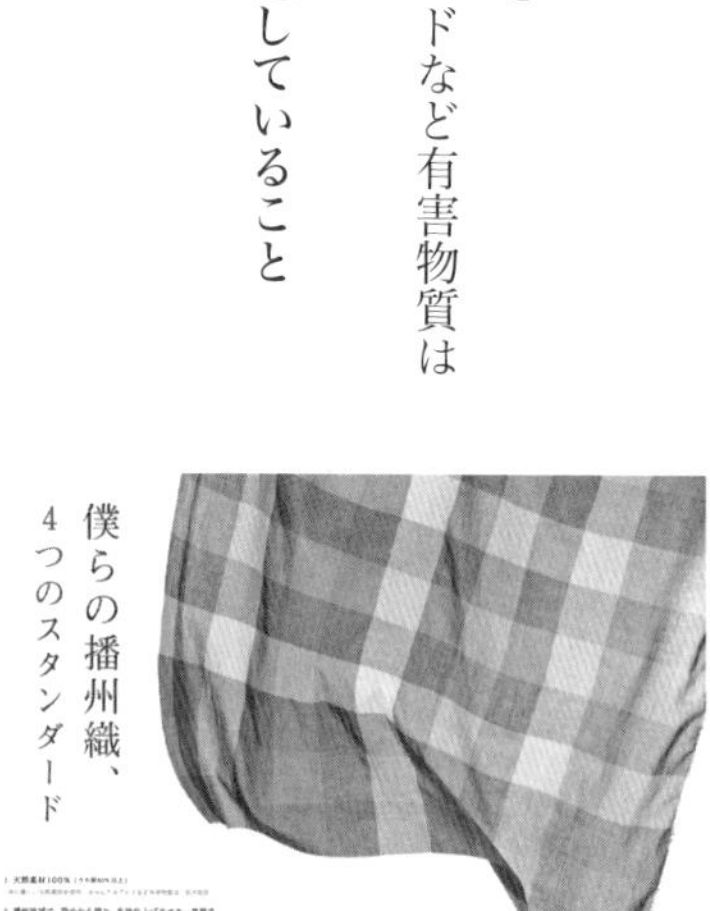

まとめあげた「4つのスタンダード」

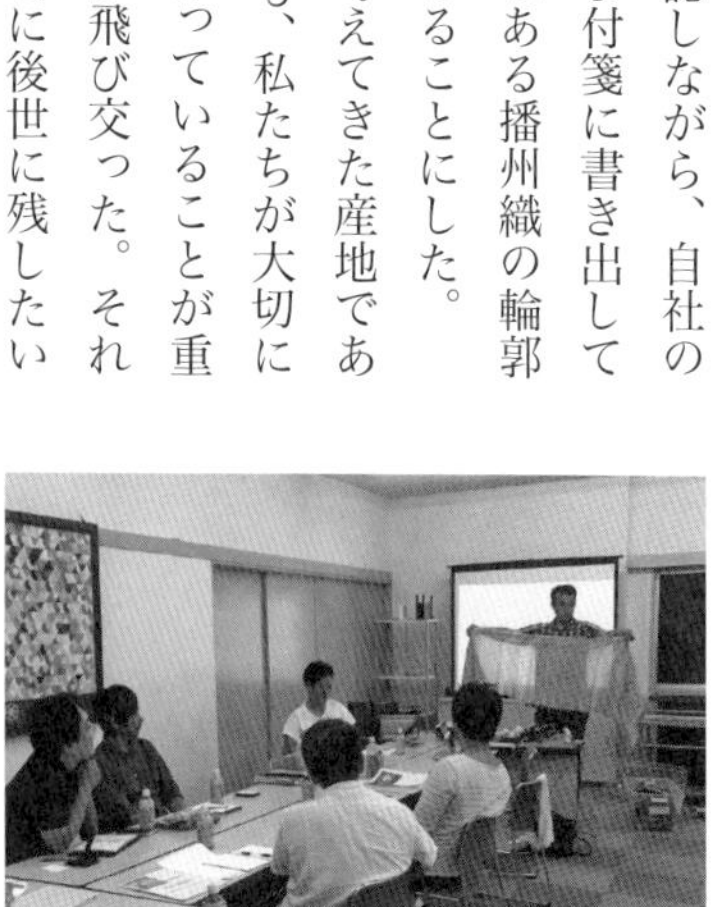
播州織とは何かを徹底的に話し合った

4　**各セクションのプロが分業で行っていること**

糸の染め、サイジング（糸の糊付け）、織布、仕上げ加工まで職人の分業による高い付加価値を有した織物

以上の項目を満たしていることが、これから作る地域ブランドの条件であり、このルールから外れた商品は新ブランドにはならないと決めた。そして新たなブランドの説明を各事業者が同じように伝えられるようになるためにブランド価値をまとめた。

想いを一つにし、競争する

赤ちゃんの肌にも安心な優しさがありながら、何度洗濯しても、ラフに使っても風合いが変わりづらいタフさがある。そんな「ふつうに使える手しごと織物」が目指したい方向性となった。「ずーっと使えるやさしさを」がコンセプトだ。これを新たな播州織ブランドのスタンダードとし、「僕らの播州織」と名付けた。そして、地元・多可町のデザイナーであるｉｋｋａの近藤誠と連携し、ブランドロゴと説明用リーフレットを作成した。

BOKURA no BANSHU-ori

「僕らの播州織」ブランドロゴ

ブランドルールを大きく打ち出した展示会ブース

迎えた展示会では、各社が工夫を凝らし、暗闇で光るストールや多重ガーゼのハンカチ、御朱印帳や手ぬぐいなどを並べた。たくさんの来場者にこれからの播州織の姿を評価してもらいながらも、その場で大手セレクトショップとの商売が決まった事業者や、百貨店バイヤーから商談が入った事業者、逆に反応があまり芳しくない事業者など様々であった。

しかし、これが事業者同士のライバル心に火をつけた。その後に続く展示会や販売会、そして日頃からの商品開発にも「あいつのところには負けられない」という競争心が高まったグループとなり、その切磋琢磨の関係性が、停滞していた播州織の状況を好転させつつある。

私は、地場産業を軸にした地域ブランドの成功の秘訣は2つであると考える。一つめは、これから後世に残したい地場産業の定義を決めること。もう一つは、その定義に則って、事業者同士が切磋琢磨して伸びていく環境を作ること。

同じ播州織だからと言って、同じようなものを作らなくてもいい。適正価格であれば、無理に高く価格設定しなくても自社の決めた価格で販売すればいい。デザインが必要であれば、それぞれの判断で個別にデザイナーを雇えばいいし、自社で行ってもいいだろう。

個々の中小企業支援も同じだが、大切なのは「いかに事業者のやる気のスイッチを押せるか」だ。地場産業グループだからと言って右向け右ではなく、それぞれが地域資源を使いこなし、自分で製品を作り、会社を良くする支援をすることが地域ブランドづくりに必要なことだ。その枠組みづくりこそが、地域デザインである。

展示会での商談も大きな経験に

Interview

多可町商工会経営指導員

本庄尚哉

衰退し続ける地場産業と希望の兆し

私は1998年から兵庫県の篠山市商工会に所属し、2014年にこの多可町商工会に異動してきました。当時、播州織という名前は知っていましたが、隣の丹波市に住みながら、産地がここにあるということを知りませんでした。確かに地場産業ではありますが、安い中国産などの生地に押されて、産業としては衰退していました。

しかし、隣町に住んでいる私も知らないということは、伝え方によっては広められるのではないかと思いました。織物という誰もが身につけられる身近さに可能性を感じましたが、現状は厳しく、播州はシャツ地の最大の産地ではあるものの、売上げは今も下がり続けています。

その中で若手後継者によるネクストというグループが、新たな動きで産地を盛り上げようとしています。多可町商工会は、このグループの新たなものづくり、その自立に向けた動きを側面的に支援しています。

機屋はもともと、産元と呼ばれる問屋の下請けをし、生地として納めていましたが、売上げはどんどん落ちています。しかし、ネクストのメンバーのように自ら最終製品まで作り、売り出しているところは、少しずつですが売上げを伸ばしていくようになりました。現在では各事業者が生地売りだけでなく、自ら企画したシャツやストール、手ぬぐいやスタイキット、御朱印帳など様々な最終製品を各々販売しています。

意識を変えた「当たり前」を考え抜いた会議

地場産業の変革は一筋縄ではいきません。地場産業グループはトップダウン型の会社組織ではなく、様々な想いを持つ事業者の集まりです。発足当時は播州織を守るという意気込みでテンションの高かったネクストも、時が経つにつれ自社の想いやエゴ、方向性のずれから、ここ2、3年はグループとしての結束が揺らいでいました。

このままでは空中分解するのではないかと心配し、「君たちの本当の想いは何か」と上司とともに迫ったこともあります。

自分たちの本当にやりたいことをしてもらうために事業者にヒアリングを重ねたこともありました。その中で聞いたのは、播州織の工程の美しさです。「伝統ある産地として様々な職種が連携して、次の人が織りやすいようにと心がけていることを伝えたい」という言葉が印象に残っています。ヒアリングを通して、やはり「消費者に伝わりやすい表現」が重要だと考えました。

220年の歴史があり、ありとあらゆる織物製品を生産できる産地として、「播州織とはどんなものなのか？」ということを、これまで何度も産地の中で検討してきましたが、答えが全然出せずにいました。そこでSASI DESIGNに協力してもらい、外の目線を入れることで、我々が当たり前にしていることを夜通しじっくり考える会議を行いました。そしてようやく播州織を「ふつうに使える手しごと織物」と一言で表せるようになりました。

これまで当たり前に目の前にあり自分たちでも気づいていなかったことを、「4つのこだわり」としてSASI DESIGNにまとめてもらったことで、長年のモヤモヤがとれ、一気に視界が開けました。

それは私以上に、ネクストのメンバーがそうだったと思います。会議後に「僕らの播州織」というブランドを立ち上げ、東京でのギフトショー出展や、ショッピングサイトでの販売などを通して、互いに負けられないというライバル意識ができているように見受けられます。切磋琢磨して売っていこうというメンバーの意識自体が変わったように思います。

ネクストの取組みは、まだまだ全体の売上げを押し上げるほどにはなっていません。同じ播州織の産地である隣の西脇市と合わせて200社ほどあるメーカーのうち、このような動きをしているのは1割にも満たないのが現実です。

播州織という伝統ある産業の認知度やブランド力を高めるためにも、生地はもちろん、消費者に直に届きやすい最終製品をしっかりと出していく必要があると思います。そして、この産地に学生やデザイナーも関わって面白いものができてくると、ブランド化が進むでしょう。

一方で、地域の人にとって播州織が「日常のあたりまえ」になってほしいです。地元の人にとっては、目の前にありすぎてその価値があまり伝わっていないようにも思います。播州織の認知度が高まると同時に、地域の中でも大切な資源として認知されて、地元でできた生地でものづくりをする人が出てくるなど生活の中に播州織が溶け込んでいけば、この地域はもっと豊かになるでしょう。我々はそのための支援をしっかりとしていこうと考えています。

日々の暮らしに溶け込む播州織

地場産業を受け継いでいく者として

東京での展示会以来、大手セレクトショップや有名百貨店での販売を開始し、経済産業省による「地場産品等の再価値化モデル事業」にも採択された事業者、シャネルなど海外のハイブランドとの取引を始めた事業者など、ネクストは様々に活動の幅を広げている。急成長とまではいかなくとも、それぞれの会社の売上げを向上させていることは間違いない。

一番良い効果が出ているのは、お互いがライバルであり、連携しているところだ。ライバルに刺激を受け、負けじと商品開発や営業に向かう姿勢が結果を生んでいる。また、自分の会社では織れない布でも連携することによって、どのような要望にでも応えることが可能になり始めている。最近はさらに販路を拡大しようと、ウェブサイトを制作するための資金も調達した。補助金ではあるが、商工会や本庄に頼ることなく、自らが企画し動いたのだ。バラバラであったチームの意識が変わり、時代を変えようとしている。彼らの活動はこれまで播州織を支えてきた先達にも伝わり、業界全体の活性化にもつながっている。

刺激し合う中で生まれる新たな商品

２２０年続く地場産業を絶やさないという強い気持ちを持った後継者がいる産地は、必ず残ると信じている。結局、一番の地域資源は人である。

4

地元プレイヤーたちの連携

企業が自ら走れるための連携体制──支援機関、金融機関、コンサルタントとの関係づくり

これまで一貫して地域資源を含む経営資源を武器と捉え直し、自らが起業家になり、もう一度創業期に入っていくことが、これからの中小企業の未来を創っていくと述べてきた。

2章では承継起業のプロセスを説明したが、すでに基盤があるとはいえ、創業期には事業戦略のサポート、販路開拓のサポート、そして何より資金のサポートが欠かせない。

一般的に中小企業の経営者は自ら作り手であったり、営業マンであるプレイングマネージャーであったりすることがほとんどである。日々の業務の合間を縫いながら、経営計画や資金集めに奔走しないといけない。自らの達成したい想いを一人でまとめ上げ、その実行のための戦略を練って、事業に必要な経費を賄う資金を金融機関からの借り入れや補助金の獲得などで確保しないといけない。ところが目の前の悩みや将来の不安を誰にも言えない状況なのである。

現状を打破すべく新たな手法に着手するための資金を調達しようとしても、現実問題として融資の審査に必要な売上げに達成していないなどの理由で、お金が借りられないケースもある。売上げがないと言われても、その売上げを作るための新たな取組みに対しての元手がないと身動きが取れないのだ（図4・1）。

「地方に、中小企業にデザインを取り入れて新しい動きが始まった」ということだけで終わらずに、本当に実行力のある支援が必要なのである。では、実行力のある支援とは何か。それは事業者を中心に支援機関、金融機関、コンサルタント（デザイナー）がチームを組んで、情報をやり取りしながら連携してサポートできるかどうかに

かかっている。地域経済の発展を目指す支援機関、地域とともにある金融機関、地方に新たな価値をもたらすコンサルタント（デザイナー）が、それぞれ単独で事業者を支援するのではなく、情報を共有しつつお互いの役割に徹することが重要なのである。地方の中小企業は駅伝のようなものだと私は考えている。これまで地方を支えてきた企業が、事業承継という形でタスキを渡そうとしているイメージだ。

その駅伝走者（事業者）が、本来の業務以外に奔走しなくてもよいように、商工会議所などの支援機関は相談受付だけではなく事業者と伴走し、声をかけ続けてゴールを目指す役割が求められる。また、金融機関は単なる融資ではなく事業者の走る先の給水所のように、必要なタイミングで適切な手立てを講じる役割が求められる。コンサルタント（デザイナー）は自らが走るのではなく事業者のトレーナーとなり、より速く効率的な走りを実現させる役割が求められる。こういった形で三者が連携し、事業者が自ら走り続けられるように支援することが重要である（図4・2）。

私がコンサルティング・デザインしている企業は、こういった連携により成果を出している例が多い。支援機関から補助金などの情報をもらいながら、コンサルティングやデザインを進めて、そのターゲットや商品情報を信用金庫などに伝えて販路開拓について相談するというやり方だ。すべての支援がこの枠組みに則っているわけではないが、それぞれのパートでいかに効果的な方法で支援できるかをチームで考えている。

今、地方の企業がデザインの工夫などで新たに動き出している事例が多くなってきた。その動き出しだけで終わらずに、私たちコンサルタントも支援機関や金融機関と連携しながら、小さな動きをゆくゆくは雇用まで生み出すような事業へと成長させるべく実行力のある支援をしていくことが、地域に活力をみなぎらせることにつながる。

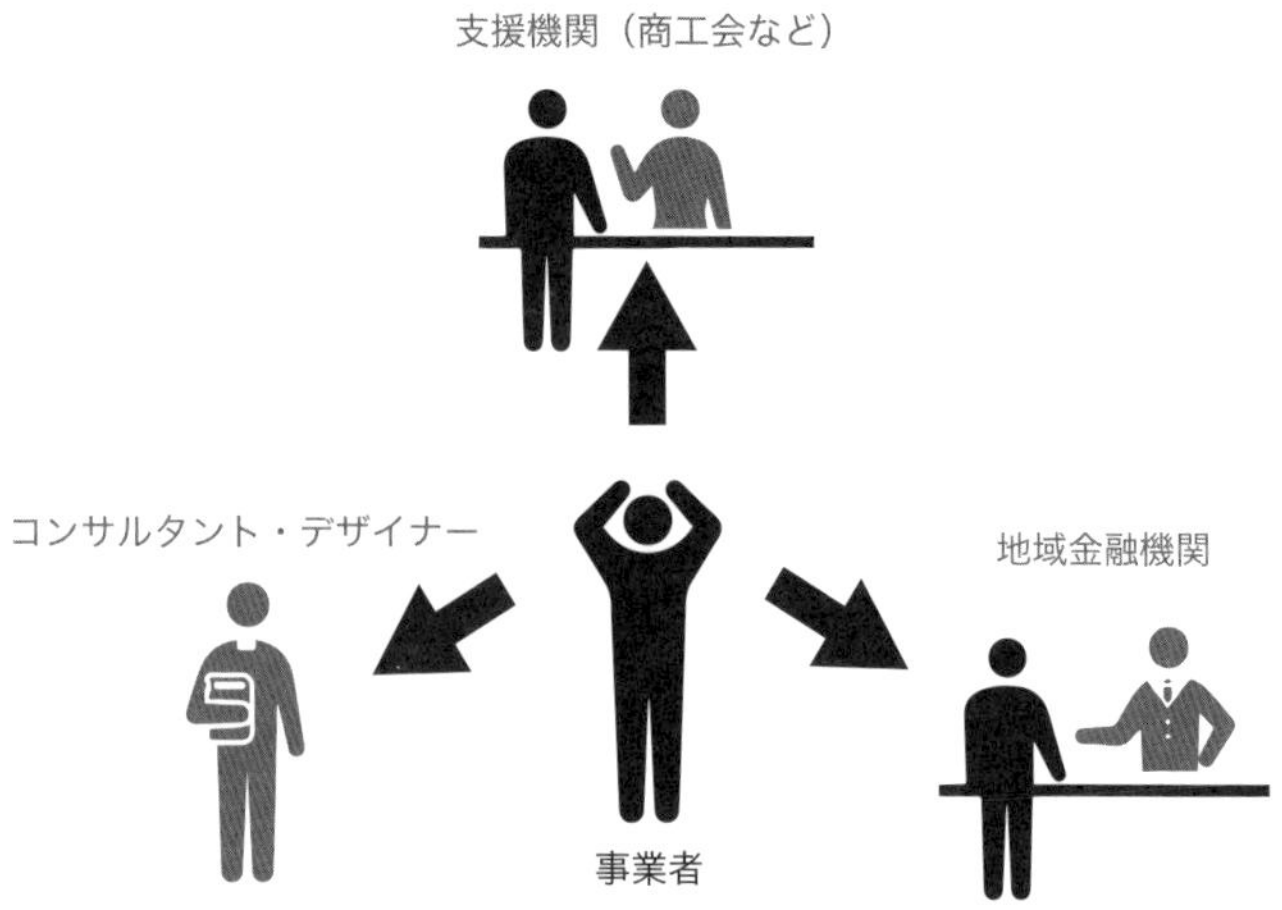

図 4･1　スタンダードな事業者と支援機関、金融機関、コンサルタント･デザイナーの関係

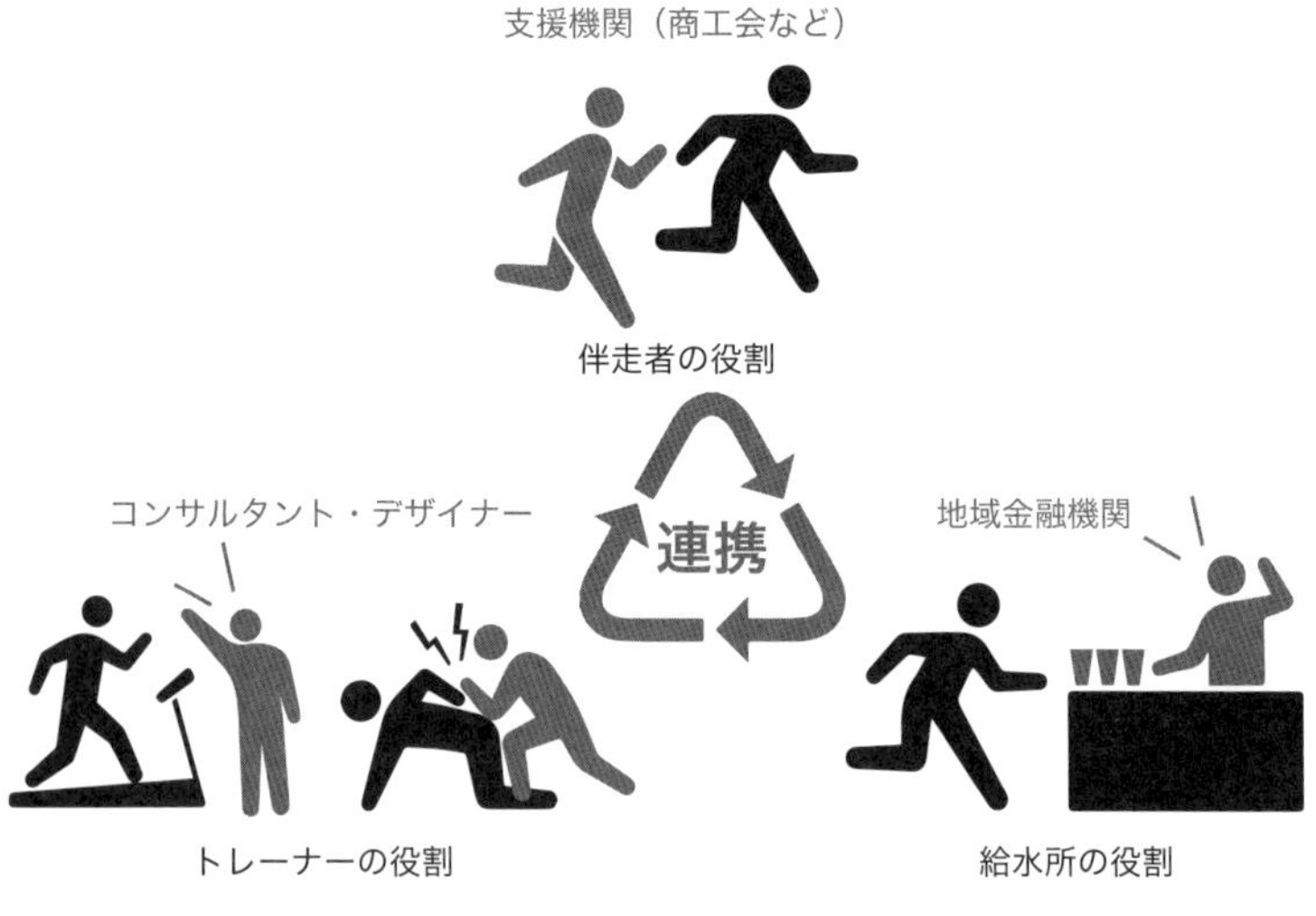

図 4･2　これからの事業者と支援機関、金融機関、コンサルタント･デザイナーの関係（駅伝に例えると）

Interview

多可町商工会経営支援課長
後藤泰樹

「地域」を作るプレーヤーたち

私は多可町商工会で経営改善普及事業を推進しています。地域の事業者の売上げを伸ばすなどの支援をするのですが、パソコンやプリンターが動かないという小さな問題から、経営革新計画や農商工連携など経営の芯の部分まで踏み込んでいく難しい支援まで多岐にわたります。

現在、多可町には約1200社の企業があり、そのうち約820社が商工会の会員です。その会員の事業ステージが例えば導入期ならば販路開拓、衰退期であれば後継者マッチングのお手伝いなど、経営の持続的発展に向けて、それぞれに合わせた支援を心がけています。

私は地域事業者を支援して伸ばしていくことが、地域を守ることだと考えています。多可町も着実に人口が減少しています。その中でこれからも地域経済を回していくには、地域内外に暮らす人が、多可町の魅力をもっと感じて地元の店に足を運んでくれるようにしていかないといけません。

正直、地域の人の目線の多くは、都会などの外に向いてしまっているのが現状です。バルイベントや地域の仕事紹介プロジェクトなどを進めて、地域の内側にも魅力があると地元の人にも見直してもらいたいと考えています。

地域には様々な事業者がいて、それぞれに悩みが違います。私たちは経営的なことであれば総合的に支援ができる町医者のような存在でありたいと思っています。しかし、ケースによっては専門医のような外部コンサルタントの専門知識やノウハウが必要となってきます。専門家であるコンサルタントの指導を受けて、改善に向かっていくのですが、そこで気をつけていることがあります。それは丸投げにして、そのままにしないことです。

専門家と連携し、事業者と一緒にゴールへ向かう

私たち商工会の支援は「伴走型支援」と言われます。常に事業者のそばにいてゴールまで一緒に走っていくということなのですが、専門家のアドバイスをそのままにしておくだけでは、事業者は変わることがありません。打合せには必ず同行し、コンサルタントのアドバイスを噛み砕いて伝えたり、巡回訪問等を通じてその後の経緯も伺うようにしています。

そして、現実的にはまだできていませんが、指導していただいたコンサルタントと、その後もより密に連携していきたいと思っています。一度指導を受けたあと、事業を次の段階、その次の段階へと進めていくたびに連絡を取り合い、効果的なタイミングでコンサルタントに入ってもらうのが理想です。私たちも日々経営支援をしていますが、表面的な見方になってしまいがちです。しかし、本当に信頼できるコンサルタントと連携することで、着実に結果が出せると考えています。

「良い支援」ができれば、事業者の行動が変わります。次の日、いやその日のうちにでも全く行動が変わっていくことがあります。SASI DESIGNにコンサルティングいただいた、播州織のコンドウファクトリーは、東京の展示会に続き、経済産業省の展示会にもオファーして出品が決まりました。笹倉織布も助言の影響を受けて、伝えることの大切さを学びながら、自分たちなりのメッセージを日々模索しています。

一番顕著なのは、とんかつ屋の大八万楼のパッケージのデザインコンサルティングの案件です。ソース開発者の亡き父の生き様の話まで突っ込んでコンセプトを考えたことによって、「パッケージだけではなく想いが重要なんだ」と今やるべきことが明確になり、実現に邁進しています。

良い支援は事業者の気持ちを動かして、進むべき方向を自ら見つけられることだと考えています。セミナーで「良い話を聞いた」という感想を抱く程度では何も変わらない。本当に気持ちが動いた時の事業者は、雷に打たれたような顔をして、すぐに行動が変わります。その行動を私たちは伴走型で支援し続けていきます。

私は経営支援の仕事を通じて「人が元気で、笑顔あふれるまち」を作りたいと考えています。事業者自身が誇りを持って、元気に仕事できるようになれば、若い事業者もそれに惹かれて入ってきます。それに伴って仕事以外でも様々な人が流動して、活気あるまちができていくと思っています。それを持続させていくためにも、まちづくりを経済の面から支えていきたいと考えています。

この多可町には良い「もの」や「人」、面白い「こと」がたくさんあります。外ばかりにとらわれず、今、地元にあるものを活かすことが重要です。まちの魅力をしっかりと伝えることで、事業者同士や地元の人ともつながり、新たな魅力を生み出すと考えています。そこから新たな仕事も生まれくれれば最高だと思います。

Interview

但馬信用金庫常勤理事、事業支援部長

宮垣健生

まずは自分でも気づかない魅力を知ることから

私は信用金庫の中で事業支援部という部署にいます。地元企業の売上げを上げたり、利益を増やすお手伝いだけでなく、従業員の採用や移転用地の手配まで、様々な支援をしています。さらに企業だけでなく、個人や自治体に横断的に事業の支援をする、金融機関では少し珍しい部署です。

地方創生の一環として自治体も様々な事業をすることが多くなりました。その際、大手外部コンサルタントに丸投げすると、見た目は派手でかっこいいものにはなりますが、結局担当者がついていけず実にならないというケースがよくあります。そうではなく、自治体とその地域に根ざした企業が連携し、地域を盛り上げていく必要があります。事業支援部の取組みを始めた背景には、こうした事情がありました。

私はまず地域の基盤産業が活気を取り戻す必要があると思っています。豊岡市であればカバン産業にあたります。

基盤産業が活性化すると、非基盤産業もそれに伴い元気になっていきます。しかし地域に存在する中小企業は「人・もの・金・情報」のすべての経営資源が慢性的に不足しています。大企業であれば、その余裕ある資源を利用して積極的に打ち出すことができますが、中小企業は足りないものだらけで、大企業と同じ競争をしても厳しいのが現実です。

しかし中小企業には、その企業にしかない、自分でも気づいていない「すでに持っている魅力」があるはずです。それを他に真似できないほどブラッシュアップして、ニッチマーケットに挑むことが、一番成功率が高いと考えています。

企業を取り巻く環境は激しく変わっているので、これまで通りのやり方では価格競争に陥ってしまうだけです。

だからこそ、当たり前になりすぎて、見えづらくなっている魅力や資源を見つけて、磨き上げないといけません。それには外部の目が必ず必要になると考えています。

大切なのは事業者自身のやる気スイッチを入れること

しかし、中小企業のコンサルティングはそう簡単ではありません。自治体のコンサルティングもそうなのですが、ブランドネームに惹かれて大手の大企業向けのコンサルに頼むと、いかにも効果的でかっこいいものにはなるのですが、中小企業はそれを維持し続けることができないのです。

また前職での経歴をもとにアプローチしてくるコンサルタントは、声高らかに自らの過去の経験を語って成功のノウハウを伝授しますが、それはたまたまその時代のその業種の中で、その手法がフィットしただけで、現在の中小企業のすべてにフィットするとは限りません。そういったコンサルティングの押しつけがあるのも事実です。

私は大企業向けのコンサルティングと、中小企業向けのコンサルティングは大きく違うと思っています。中小企業支援に絞ると、当の事業者がどれだけ動けるかにかかっていると思っています。いきなり「こうした方が良いですよ」と押しつけるのではなく、「あなたのお悩みを聞かせてください」という姿勢が一番大切です。

私は、従業員が一人か二人という経営資源が圧倒的に不足している超小規模な企業を動かすことができる力があれば、大きな企業はむしろ楽にコンサルティングできると思っています。それだけ小さな会社を動かすのは難しいのです。それは、私自身の経験から言えることです。

当金庫がある豊岡市には、カバンストリートという全国でも珍しい「商店街活性」と「地場産業活性」を同時に展開している商店街がありますが、その中のクリーニング屋のコンサルティングをしたことがあります。

地域では2番手のクリーニング屋なのですが、1番手が7割のシェアを持っていたので、価格競争に巻き込まれると勝ち目がありません。そこで店主と一緒にどう差別化できるかを悩みに悩んで、行き着いたのが「カバンクリーニング」に特化することでした。そこから店主はクリーニング屋でありながら鞄の組合に入り、カバンクリーニングを学び直しました。今では百貨店の催事などで一つあたり2万円や3万円のクリーニングを請負い、新たなスタッフを6名雇用しています。

やはり中小企業のコンサルティングに重要なのは、「一緒になって悩み、事業者自身のやる気スイッチを押す」ことができるかどうかだと思っています。

その点SASI DESIGNは、事業者の想いや気づいていない魅力などを交通整理するコンサルティングと、それを外部に伝えるデザインを一気通貫してできるところがよいと思います。仕事としては手離れが非常に悪いでしょうが、じっくりと話を聞いて、それを交通整理し、デザイン提案されるので、間違った方向性が出にくい。仮に少し違っていても、すでに信頼関係が出来上がっているので、丸投げではなく、もう少しこうしてほしいという事業者自身のアイデアをもとに進んでゆくことが多いと思います。

例えば、松岡塗装店（3章参照）は、当初は高齢の従業員一人と松岡さんだけで、企業規模としては最小であったにもかかわらず、今では若手を雇用し、香美町だけでなく豊岡市でも、「塗装をするなら松岡さん」とよく聞くほどになっており、さらにはNPO法人まで立ち上げられています。自身でも気づいていなかった魅力を引き出し、格好良いユニフォームや名刺などを通じて、松岡さんのやる気スイッチをしっかりと押された結果だと思います。

使命感を持った企業が地元をワクワクさせる

10年前くらいまでここ但馬地方では、域外から大手企業を誘致し、働き口を増やすことが重要な地域活動の一つでした。しかし、現在では若者が働きたい仕事がないだけでなく、基盤産業であっても中小企業は慢性的に人手不足であるというアンバランスな状態です。従業員の高齢化とともに、世代交代が進みますが、その企業に魅力を感じないと将来の担い手が入ってこない。また優秀な人材は大手に取られてしまいます。

私は、「この会社で働くことを通じて、こんな社会を実現したい」という使命感やミッションを持つことが一番重要だと思っています。目指すべきは、参加することで自分自身もハッピーになり、新しい価値づくりにコミットできると思わせる企業になることです。そんな使命感を持つ突き抜けた会社が地域に2割ほど出てきてくれると、全体の8割くらいの仕事を生み出せるのではないかと考えています。すべての会社がそうなれるわけではないので、M&Aなどで成長を促すことも必要だと思っています。

私たちの仕事は、「自分の命を何に使うのか?」と考えているような使命感を持った経営者を応援し、作り出していくことだと思います。そのためには当金庫だけでなく、信頼できるコンサルタントなど、どこと組むと企業が伸びるのかを常に考えています。使命感を持って、ワクワクするような仕事をする地元経営者が、地元をワクワクする場所にしてくれると信じています。

新たな連携による「承継起業」の取組みが始まった

２０１７年10月、私は兵庫県神戸市の中心地である三宮に、兵庫県や公益財団法人ひょうご産業活性化センター、コンサルタント、金融機関、クラウドファンディング企業などが連携する交流スペース「コワーキングＤＯＯＲ」を新たな拠点として作った。行政や支援機関だけでなく、起業プラザひょうご全体の委託事業者であり、地域ＩＣＴを進めるＮＰＯ法人コミュニティリンクとともにデザイナー、ＩＴ事業者などが主軸になってここを活用し、起業家や承継起業家を輩出するための場所を作るプロジェクトだ。

承継起業に向けたステップアップを意識した「しくみ」とそれを体験する「開かれた場」が必要だと考えたことがきっかけである。商工会や行政などの支援機関、信用金庫や銀行などの金融機関、デザイナーや士業などのコンサルタントと連携し、気軽にそして自然に出会い、「面白そう！　自分もチャレンジしてみよう」と事業者の気持ちのスイッチを入れて承継起業まで導ける場所にしていきたいと思っている。

私はデザインを専業としているが、同時にcafé DOORも経営している。２０１５年にデザインやブランドづくりの玄関口になろうという意思を込めて開店した。なぜデザイナーがカフェをしないといけないのかと考えられるかもしれない。普段はカフェとして営業しながら、その場でデザインスクールやSASI BARという異業種交流会、マーケティングやクラウドファンディングによる資金調達や事業計画支援などを行っている。

当初は2章に書いたステージ3「交流・成長する」を自ら実践しようとしていたのだが、思わぬことが起きた。ランチのお客様としてふらっと訪れた方が、私たちが行っているデザインスクールを知り、そこに通ったことをきっかけに、自社の価値を見直したいと経営相談を受けることになったのだ。そのようなことが一度ではなく、何度となく続いた。

ここで2つ気づいたことがある。

一つは「経営者は常に悩みを抱えている」ということ。経営者である彼らは、仕事の時だけでなく、普通に過ごしているように見えても、常に現在置かれている状況に悩み、何か良い手立てがないか？ と無意識に考えている。

そしてもう一つは「経営者は本当に困らないと支援窓口に向かわない」ということ。経営相談に至ったランチ客もその他の例も、切羽詰まって相談したわけではない。支援機関の無料セミナーなどにはほとんど参加したことがないが、こんなところでこんな相談ができるのならやってみようと気軽に考えて相談してきたのだ。

そうしたことをきっかけに、気負いすることなく段階的に承継起業できる「しくみ」と、勇気を振り絞って相談しに行くのではなく、違う用事で訪れることができる「開かれた場」が必要であると考えるに至ったというわけだ。

「コワーキングDOOR」では、経営相談や資金の相談、専門家によるコンサルティングを行うなど基本的なサービス、セミナーを行うことはもちろん、これまで小さなカフェで行っていたデザインスクールや異業種交流会、そしてマルシェや各種イベントなど、カフェのような「意気込まなくても」ふらっと覗きに来られる場所を作ることが大切だと考えている。

ここではまず、イベントなどを通じて、気兼ねなく立ち寄ることのできるしくみづくりを行う。いきなりハードルを上げて承継起業しようというのではなく、「イベント参加」から「出店者になってみる」。そして、もう少しビジネスをうまく進めたいという気持ちになってきたところで「セミナー参加」や「専門家への相談」など段階的にステップアップし、いよいよ起業や承継起業という段階で、クラウドファンディングや金融機関と連携しながら起業のハードルを乗り越えるというしくみづくりをしている。「自分にはまだ早い」「やれるかどうかわからない」と自分自身にブレーキをかけてしまっている事業者に、「やってみよう」という気持ちのスイッチを入れるためのしくみ（図4・3）だ。

　将来的にはもっと気軽に入りやすくするために、本当にカフェにする必要性があるとは感じているが、まずは支援機関と金融機関、コンサルタントが本格的に連携し、承継起業を増やすための取組みの第一歩として踏み出した。現在、様々な承継起業予備軍がお互いの事業に刺激をし合いながら交流を始め、また発信を始めている。コワーキングスペースという場の性格上、ライバルや協力者が目の前にいる状況も功を奏しているのだろう。

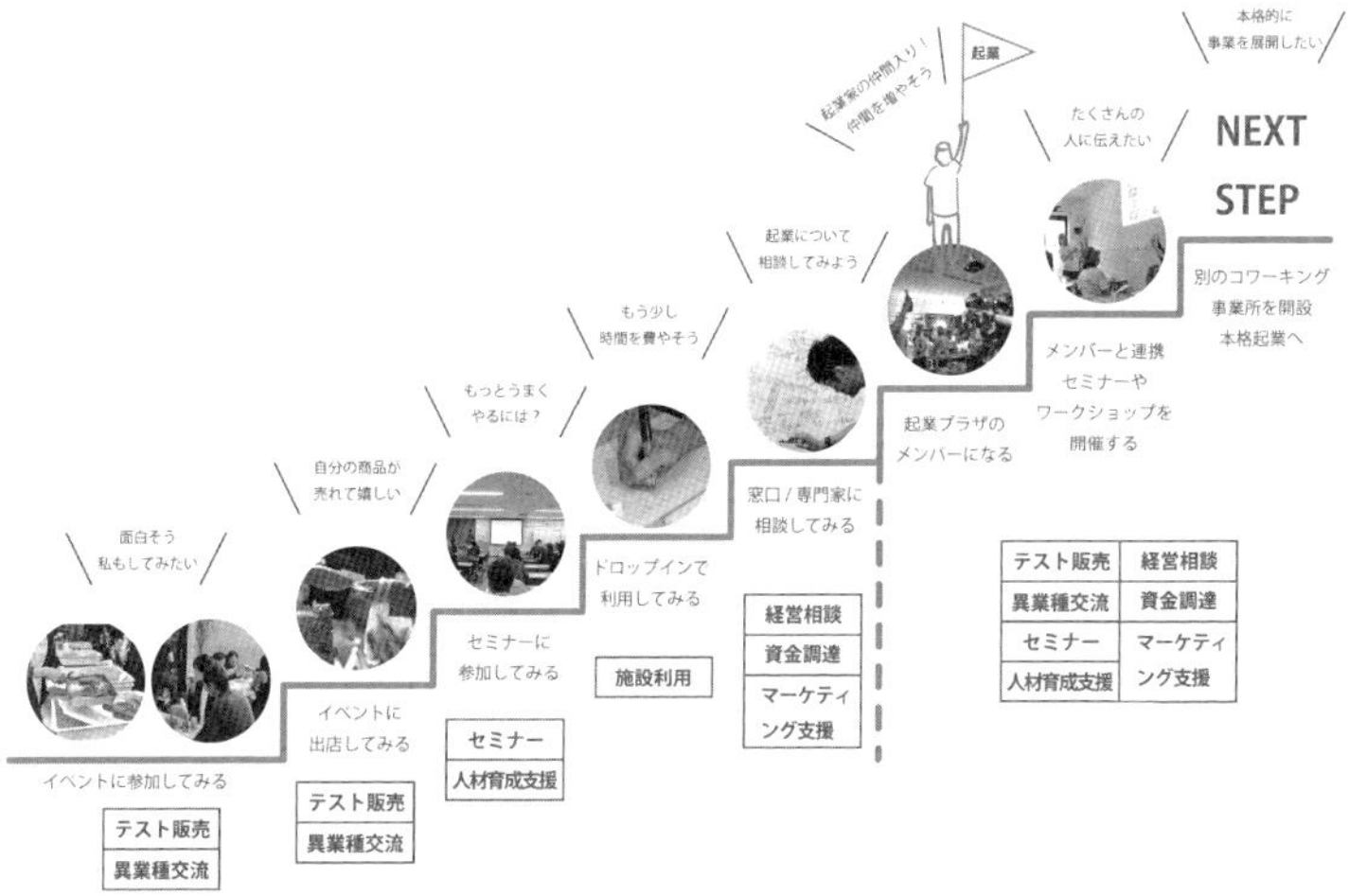

図4·3　フェーズに合わせた起業のしくみづくり　「大きなハードル」としての起業ではなく、心境や進捗により「起業予備軍」「起業予定者」「起業家」の3つのフェーズに分け、それをさらに細かなステップを踏んでいくことで、少しずつ、確実に起業を進めるしくみづくり。そのステップに合わせて、イベントや支援メニューを展開。

行政など支援機関だけでなくコンサルタント側が主軸に立った、こうした承継起業のための開かれた場所が、地方の各地に広がり、交流のハブになることこそが、本当の意味で地域に血流を流していくことになる。

地元企業活性こそ地域活性化の根源

ここまで地方の中小企業が、目の前にある地域資源をうまく活用して新たな事業を起こしていくことの大切さを述べてきた。しかし、このことは単にその企業の売上げの話にとどまらない。雇用創出や地域資源の持続的な保全はもとより、様々なまちづくり活動につながる場合もある。

宝塚市のDAMAYA COMPANY㈱は、不動産業を活かして、空き家商店街であった地域を、地元の人々だけでなく神戸や大阪からも集うような場所にしようと、小さいながらも元気なまちのモデル（図4・4）を作っている。そこには、まちづくりを学びたい若者もたくさん集っている。

淡路島の㈱井上商店は、島内の小学校や中学校の生徒を対象に、2008年から毎月、小麦からうどんを作るワークショップ（図4・5）を開催し、五感を通じた食の体験を提供し続けている。その実績が評価され、文部科学省から青少年の体験活動推進企業として、誰もが知る大企業とともに表彰された。

兵庫県香美町の松岡塗装店は、自らの塗装技術を使って、過疎地域の空き家になってしまった住宅や施設を塗装ワークショップという形で新たな活用の場に変えている。参加型のワークショップ形式にすることで、まちづくりに興味のある参加者同士がつながるといった状況も生まれている（図4・6）。

播州織若手グループ「ネクスト」は、古民家等の活用と地域再生に取り組む任意団体「紡〜TSUMUGI〜」

と協力し、播州織やその地域を継承するイベントを行っている。歴史的にも価値がある兵庫県多可町八千代区にある旧古来悟織物工場跡にて、「多可・播州織ふるさと写真展」と題し、織物工場の特徴的なのこぎり屋根や発展を支えた女工の皆さんの写真展示と、播州織を次世代につなぐポイントを議論するトークセッションなどを通し、地場産業である播州織の未来を作る活動を続けている（図4・7）。

地元で事業を営むことと、地元が良くなることには大きな関連がある。何もないと思っている目の前にある資源を受け入れ、それを使って自己表現をする。それは中小企業だけでなく、地域の行政、支援機関、金融機関にとっても同じことである。

「こんなものがあれば」「あんなやり方ができれば」と他を見たり、助けてくれるコンサルタントに頼ったりするばかりでは、地元が良くなりはしない。地域を元気にする種は目の前にある地元企業なのである。すぐそばにある資源を活用し、自らの仕事に「誇り」を持ち、従業員もこんな会社で働けて幸せだと思う企業がたくさんある地域は、持続的にその価値を高め続けることになる。

足りない何かを求めて悩むよりも、今あるものをもう一度見つめ直して、その地域らしさを追求すべきである。その核には、地域を愛する人が必ずいる。その人たちの自己実現の線上に元気な中小企業があり、地域ならではの資源を

図4·5 ㈱井上商店によるうどん作り体験教室の風景

図 4·4 DAMAYA COMPANY ㈱による inno town という新しいまち

事業の強みとする企業を一緒になって支援していくことが、持続的に地域を活性させる一番の、そして本来的な方法である。

自分のまちを自分でデザインすること。地域ならではの方法で活性化すること。地域の人が誇りを持って暮らしを営むこと。それらを媒介するのが地域の中小企業だ。

よそ見している場合ではない。地域を立て直す術は、地元企業が持っている。宝は目の前に広がっている。

図 4·6　松岡塗装店による空き家活用ワークショップ

図 4·7　「多可·播州織のふるさと写真展」を主催した TSUMUGI とネクストのメンバー

寄稿

観光の視点から見た地域の魅力の引き出し方

㈱日本旅行 日本旅行総研
桂　武弘

日本旅行の地域活性化の取組み

従来の旅行会社のビジネスモデルは、出発地（発地）となるエリアからお客様の旅行を取り扱うことで様々な利益を得るというものでした。創業100年を経た当社の果たすべき役割を考えた時、ここまで当社の原動力であった地域に恩返しをするべく、今度は我々が培ってきたノウハウを地域に伝え、ともに元気になっていこうという想いから、2010年1月に日本旅行総研が発足しました。さらに我が国での課題である人口減少や高齢化、あるいは地方創生のニーズの高まりに応えるため、日本旅行の各部門が連携し、横断的に地域活性化のためのお手伝いをすることを目的に、2017年1月、地方創生推進本部が発足しました。

現在、様々な地域において観光さらには交流人口の拡大による地域活性化に取り組んでいます。

観光から見た地域活性化とは

バブル崩壊後の90年代後半から、観光を取り巻く環境は、団体旅行から家族旅行を含む個人旅行へシフトし、ここ10年でさらに大きく変化しています。個人旅行がマーケットの8割以上を占め、スマホやタブレットなどのモバイルインターネット、SNSなどのソーシャルメディアの普及など、観光消費の環境が変わってきています。

以前の観光は、観光専門の事業者のみが観光客を受け入れてきました。そのため地域にとっては観光客による恩恵は少なく、地域と観光事業者の連携がないまま、観光振興が行われていました。地元企業にとって観光客はターゲットではなかったのです。

一方、最近の観光は、その概念も大きく変わり、遠くへ周遊する旅だけではなく、近場での週末のおでかけも観光と位置づけられるようになり、観光の裾野が大きく広がりつつあります。裾野が大きく広がることによって観光業以外を担う地元企業も観光客を自社のターゲットと捉え始めています。地域の人がおすすめするスポットや商品を観光客は知りたいと思い、地域の企業は観光で訪れる人々もターゲットとしながら地域に根ざしたコンセプトを持った商品を開発するようになっています。

そういった環境変化の中で、旅行会社は「いかに人を連れて行くか」というノウハウを、地域に対して「いかに地域に人を呼び込むか」という視点で提供しています。地域に人を呼び込むためには、地域の良さを地域の皆さまと一緒になって探していかなければなりません。有名な観光名所だけではなく、その地域ならではの良さ、地域の誇りに焦点を当てることが重要です。

観光商品が一般的な製品を作り上げるのと根本的に違うのは、地域資源の発掘や磨き上げはできても、新たにハードを作ることはなかなかできないということです。まずは今あるものを再度見つめなおし、良さを再認識し、地域のアイデンティティとなるコンセプトを創り出すことから始めます。

その答えは地域の人々の心の中にあります。私たちの役目はいろんな角度から地域が大切にしてきた価値感や誇りを引き出し、地域の魅力に気づき、その魅力を具体的に形に落とし込んでいくお手伝いをすることです。その際に重要なのは、特定の人の想いだけに偏らず、たくさんの人の想いを土俵に乗せて形にしていくことです。

地域での取組み事例

福島県の県南エリアに棚倉町・塙町・矢祭町・鮫川村からなる東白川郡では、商工会を中心に地域の関係者が集まって、このエリアの魅力は何か、観光を通じて地域の経済活性化にはどのような取組みが良いのかということをシナリオマーケターの星野卓也さんと一緒に、ワークショップなどを通じて1年間議論してきました。

私たちが感じたのは、地域の人は控えめだということです。観光スポットは「ここだ！」という言い切り感ではなく、皆さんのご自分のまちへの愛着、そして、「人間性」の素晴らしさを話されている声を、ワークショップを通して多く聞きました。これがおすすめだと言い切れない、どこかちょっと自信がない、でも来てもらえれば絶対に満足してもらえる自信はある、そんな感じでした。

そこで私たちは考えました。ひょっとしたら、この非常にもどかしい感じが「カギ」なのではないかと。そして、議論の中で出てきた数々の素晴らしいアイデアも加味して、地域のコンセプトと観光ストーリーを作り出したのです（次頁）。

ここから、地域でもこの観光ストーリーを普及していかなくてはなりません。私たちは最後の成果報告セミナーで地域の方にポスター作りを提案し、その後、商工会を中心に活動が継続され、ポスターができました。

コンセプト、観光ストーリーにある「青い鳥」はメーテルリンクの童話「青い鳥」から着想しました。童話の中で主人公は、「幸せの青い鳥」を探すために奇異な様々な世界を旅し続けます。

そのどこでも「青い鳥」は見つからず、ふと、背伸びせず原点回帰して、自分の一番心が安らぐ、なんでもない、すぐ近くの場所を、目を凝らすことによって、情報に踊らされて気づかなかったけれど、そこにすでに「青い鳥」がいたと気づくのです。

「観光ストーリーによる東白川ブランド創造 PR 事業」ポスター

●メインコンセプト

あなたの〝青い鳥〟はどこにいますか?

「けっして極上ではないけれど、身近な安らぎ・小さな幸せが、ここにある」

○観光ストーリー

「近くの安らぎ、近くの幸せを探そう」〜いいものは実は身近にある〜

福島県は首都圏から遠くない距離だが、関東を北に外れ「東北」の入り口にあたる。

「東北の人」は、「純朴で、口数が少なく、でしゃばらず、控えめで、人情に厚い」と主張の強い関西人に対比する形で、昔から言われている。

その「東北」の良さを、首都圏から一番近い距離で「体感できる」のが東白川地区だ。

福島県の南・東白川地区は、塙町、矢祭町、鮫川村、棚倉町の4町村からなる。

「東北最南端の秘境＝滝川渓谷」「首都圏から最も近くの一番暗い夜＝鹿角平」「生産量東日本一＝塙ダリア園」「城下町に二つの一宮が存在する＝棚倉町」……

どれも、手放しに、胸を張って、「日本で一番」というものではない。

しかし、日本一でなければ、訪れる価値がないという訳でもない。

口ベタな「彼」からは適切な言葉はないかもしれない。しかし、例えば、少し疲れた休日、ちょっとしたドライブで訪れた折――それを見つけることに「安らぎ」と「喜び」、そして「許し」「解放されるような瞬間」をきっと感じるに違いない。

(平成27年度小規模事業者地域力活用新事業全国展開支援事業〝星・花・滝〟東白川エリアの観光物産商品開発調査研究事業、第6回プロジェクト委員会資料)

その「青い鳥」のいる場所こそが、自分たちの地域である「東白川」なのです。

ポスターを作る効果は大きく2つあります。一つは地域の魅力をカタチにして明確なイメージを消費者や地域の住民に抱かせることができます。

マーケティングの大家である、セオドア・レビットはサービスと製品という分類ではなく、有形財か無形財かで分類することを提言し、「顧客を獲得するうえで有形財の訴求力を高めるには、それを『無形財化』しなければならない。そして無形財は『有形財化』されなければならない」と主張しています。無形財の有形化とはすなわち見える化、可視化しなければならないということです。可視化とはなんでしょうか。それは、「顧客が五感で感じることのできるすべてのものを活用して隠喩、直喩、シンボルその他の実態の代理物を作り、顧客に強烈で鮮明な印象を与え、その無形製品の内容をわかりやすく示すことで明瞭な心的イメージを作り出そうとするもの」です。要するに実態の代わりになるものをコピーやシンボルで作り出して、強烈で鮮明なイメージを与えることです。今回のケースではポスターによってみんなで考えた地域に対する想いを可視化したのです。もう一つは、このポスターで地域住民が地域への誇りを再認識し、活力を与えることができます。今まで形のなかった地域の魅力を一つの形にして提示することは、来訪者や地域住民に対してこのような効果を発揮するのです。

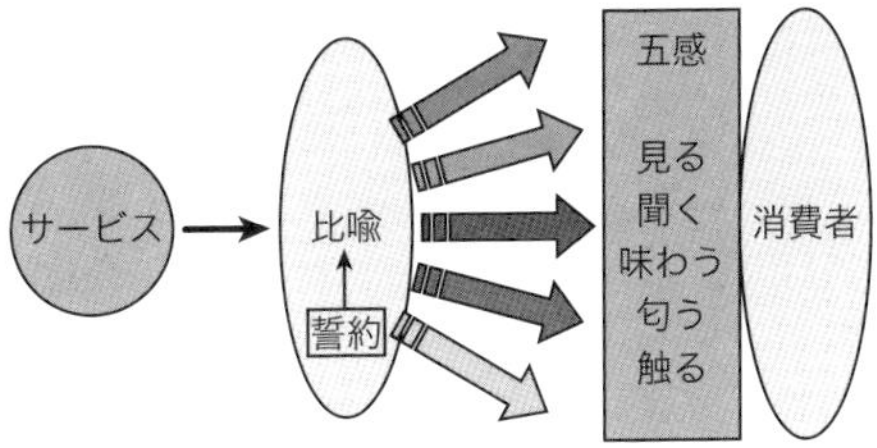

サービスの可視化

地方創生と観光立国、観光地域経営と地元企業の活性化

東白川の取組みで痛切に感じたことは、本当はここから先の取組みが重要なのに、支援体制が十分でないということでした。ここからは個別の団体や企業の商品開発

となり、地域全体の取組みとは異なった段階となります。

近年、地方創生や観光立国の政策により、様々な地域や企業が観光による地域振興に取り組み始めています。地域が観光で活性化するには、継続的に地域に人が訪れ、お金が落ちなければなりません。そのためには地元の企業それぞれが光らないといけないのですが、旅行会社としてサポートができるのは地域に人を運ぶところまでです。そこからの取組みをサポートできる、個別企業に磨きをかけるような外部からサポートできる企業との連携が今後重要となってきます。

観光による活性化では多様な主体が一体となって活動することが求められます。現在、国が形成・確立を支援する日本版DMO法人および日本版DMO候補法人が全国各地で組成されています。日本版DMOは、多様な関係者と協同しながら、観光地経営を担う舵取り役とされています。すでに金融機関等と連携しながら機能的に運営している組織もありますが、自律的、継続的な取組み、組織運営が確立している組織は多くありません。今後数年間の取組みが重要で、組織運営が軌道に乗れば地域観光の隆盛をもたらすと思います。

行政や商工会などによる地域全体の視点からの支援、金融機関による個別企業への資金面での支援、コンサルティング会社による事業化支援など、支援する側も一体となって支援していくことが重要です。活動に取り組む側、支援する側が一体となることにより地域は活性化し始めるのです。

日本旅行は、旅や観光を基点に地域を活性化するため、「地域を元気にしたい！」という同じ想いを持つ様々な企業と連携し、観光コンセプトの立案や観光資源の発掘・磨き上げ、観光プロモーションの企画、着地型旅行商品の企画、名産品の開発などを通じて、これからも地域活性化に取り組む地域を応援します。

おわりに

最近「SASI DESIGNはどのような会社ですか?」と尋ねられると、迷わず「地方創生をする会社です」と答えるようにしている。私自身の事業も地元を良くしたいという想いで始めたが、地域資源と事業者のやりたいことを結びつけるアイデンティティデザインという独自の手法で様々な地域を訪れ、様々な事業者と話をする中で、その確信も生まれた。

毎日のように事業者の相談を受ける中で、「御社のやりたいことはこういうことですよね?」と話すと、目の輝きが変わってくる。そこでは決してアドバイスはしない。経営者の思いの丈を受け止め、引き出した情報を整理し「こういうことがしたい」と自覚してもらうだけでも、やる気に満ち溢れることが多い。

私はいつも経営者に「私の中には成功の答えはありません。今は苦しいかもしれませんが、その答えは必ずあなたの中にあります」と伝える。

苦しくても、自分自身と、その置かれた地元の環境と向かい合って出した答えが、必ず売上げへと結びついていく。そしてその経営者は大切な地域に還元する。

まちづくりの観点から考えると、地元を継続的に良くしていくプレイヤーは間違いなく地元企業である。

私の力では広くてなんともならない日本全国に、アイデンティティデザインという地元企業の覚醒を促すメソッドで、日本全体を地元企業から良くするために仕事人生を捧げたい。

本書の制作にあたり、忙しい日々の業務の中、インタビューを通し実体験をお話しいただいた企業の方々、但馬信用金庫の宮垣健生氏、多可町商工会の後藤泰樹氏、本庄尚哉氏、また観光の観点から本書に寄稿いただいた日本旅行総研の桂武弘氏、㈱日本旅行の久下浩明氏に感謝したい。

最後に本書出版のきっかけを作ってもらった深水浩氏、そして初めての執筆に辛抱強く指導くださり、企画をまとめあげてくれた学芸出版社の中木保代氏と松本優真氏に心より感謝申し上げたい。

まだまだ理想にはほど遠いが、今からやらないと間に合わない。

すべての企業が変わると、日本全体は確実に変わる。


自分のまちは、自分でデザインする。

㈱SASI DESIGN　近藤清人

近藤清人（こんどう きよと）

㈱ SASI DESIGN 代表。1979 年兵庫県丹波市生まれ。
中小企業庁や兵庫県、京都府、奈良県商工会連合会など派遣専門家として、西日本を中心に 80 社を超える中小企業のブランド戦略に携わる。アイデンティティデザインという独自手法で、デザインだけでなく、経営戦略としての「しくみ」を提供し中小企業の価値を引き出す。クライアント商品のメニュー開発や異業種交流を行える café DOOR を経営。起業や承継起業を総合的にサポートするコワーキングスペース DOOR を運営。

強い地元企業をつくる
事業承継で生まれ変わった 10 の実践

2018 年 5 月 10 日　第 1 版第 1 刷発行

著　者　近藤清人
発行者　前田裕資
発行所　株式会社 学芸出版社
京都市下京区木津屋橋通西洞院東入
電話 075－343－0811　〒 600－8216
http://www.gakugei-pub.jp/
info@gakugei-pub.jp
装　丁　中澤耕平
印　刷　オスカーヤマト印刷
製　本　新生製本

ISBN 978－4－7615－2677－1